Ch. H Bertram

Der Sokrates des Xenophon und der des Aristophanes

Ch. H Bertram

Der Sokrates des Xenophon und der des Aristophanes

ISBN/EAN: 9783744609975

Hergestellt in Europa, USA, Kanada, Australien, Japan

Cover: Foto ©ninafisch / pixelio.de

Weitere Bücher finden Sie auf **www.hansebooks.com**

Jahrbuch des Pädagogiums
zum Kloster Unser Lieben Frauen in Magdeburg.

Neue Fortsetzung.
Neunundzwanzigstes Heft. 1865.

EINLADUNGSSCHRIFT
an
alle hohe Vorgesetzte, Gönner und Freunde der Anstalt
zur
Vorfeier des Allerhöchsten Geburtstages Sr. Majestät des Königs
in Reden und Gesängen,

nebst Entlassung von 8 Abiturienten

am 21. März, Dienstags, Abends 6 Uhr,

sowie zur

öffentlichen Classenprüfung am 3. April, Montags.

Der Propst und Director, Professor, D. der Theologie G. W. Müller, Ritter des rothen Adler-Ordens Cl. III. mit der Schleife, und das Lehrercollegium.

INHALT.
1. Abhandlung von Dr. Ch.  Sokrates des Xenophon und der des Aristophanes.
2. Schulnachrichten aus dem Jahre von Ostern 1864 bis Ostern 1865 vom Propst Müller.

MAGDEBURG.
Bei Wilhelm Heinrichshofen.

Der Sokrates des Xenophon und der des Aristophanes.

Von Dr. Ch. H. Bertram.

Wenn es wahr ist, was Jean Paul im Hesperus irgend wo sagt, dass der Mensch den eignen Charakter nie schärfer zeichnet, als in seiner Manier einen fremden zu zeichnen, wenn mithin aus dem Charakter eines Mannes vermuthungsweise darauf geschlossen werden kann, wie er eine bestimmte Persönlichkeit auffassen und darstellen werde, und wenn erst aus der Combination dieser beiden Gesichtspunkte sich mit Gewissheit der Werth und die grössere oder mindere Berechtigung einer Charakterschilderung ermitteln lässt: so dürfte es bei dem Versuche die Wahrheit der aristophanischen und xenophontischen Auffassungsweise des Sokrates festzustellen und eine Norm zu bestimmen, nach welcher beide, Xenophon und Aristophanes, beurtheilt werden müssen, nicht unpassend sein, bevor zur Untersuchung über Werth oder Unwerth geschritten wird, einiges über Xenophon und Aristophanes vorauszuschicken, und da beide — wie alle Schriftsteller — Kinder ihrer Zeit sind, auch eine kurze Skizze der damaligen athenienischen Verhältnisse.

Erstes Kapitel.

Die Zeiten der Marathonschlacht waren vorüber, die Zeiten in welchen der athenische Bürger in den Gesetzen des Staates unbedingt aufging, mit ihnen ganz sich eins fühlte, waren vorübergerauscht, jene Zeiten, in welche Aeschylus, als er sein Meisterstück, die Orestie, schuf, sich zurückversetzte, um die wunderbare Macht dieser vollständigen Hingabe an und Unterordnung unter die Gesetze am Orestes darzuthun, um damit zugleich eines der ehrwürdigsten Institute, den Areopag, zu schützen und zu retten. Dass er trotz der Stärke und Pracht seiner Mittel nicht durchdrang, beweist nur zu sehr, dass mit der Wirklichkeit der Verhältnisse auch Sinn und Empfänglichkeit für sie entflohen, dass die Bürger der Athenestadt in einer wesentlich anders temperierten Atmosphäre der Politik wie der Moral sich bewegten, als für welche er gedichtet, lässt aber zugleich auch deutlich erkennen, dass der Umschwung ein vollständiger und in keiner Weise rückgängig zu machen war. Wenn wir nun vielleicht schmerzlich bemerken, dass schlichte Rechtlichkeit und strenge Moral, zweifelloser Glaube und aufrichtige Verehrung der Götter mehr und mehr zurückwichen, so dürfen wir nicht übersehen, dass alle diese schätzbaren Elemente nationaler Tugend in soweit den Keim der Vergänglichkeit in sich trugen, als sie mehr oder weniger mit beschränkter Spiessbürgerlichkeit versetzt waren; dass, wurde auf diese ein Angriff gemacht, jene nothwendig mitgetroffen werden mussten, und dass der peloponnesische Krieg, welcher diese Angriffe vermittelte und begünstigte, eine vielleicht verfrühte, doch an sich unvermeidliche Veränderung des Bestehenden herbeiführte.

Der durch die Perserkriege begründete Glanz Athens und der durch ein glücklich organisirtes Bundesstaatenverhältniss herbeigeführte Reichthum machte in gleicherweise mit den Mitteln eines bisher fremden Luxus wie mit den Schätzen wenn nicht unbekannter, doch ferner gelegener Wissenschaft bekannt, regte Ueppigkeit und Wissensdrang zugleich an, machte wenigstens einen Mangel in der gewohnten Lebens- und Empfindungsweise und Bedürfnisse fühlbar, die vorher weder geahnt noch begriffen waren. Eine durchgreifende Bewegung erschütterte die auf Tradition und Herkommen, auf kindlichem Glauben und frommer Einfalt erbaute Gegenwart in allen ihren Gebieten, eine Bewegung, welche durch den leisesten Zweifel hervorgerufen werden musste, der sich in dem zum Selbstbewusstsein gelangten sittlichen oder wissenschaftlichen Streben der Individuen geltend machte. Mit einem Worte, die erwachende Reflexion, diese erst in ihrem Fortgange sich nicht blos zersetzend und auflösend zeigende Verstandesthätigkeit und das sie bedingende Hervortreten der einzelnen Subjectivität dem objectiven Verbande natürlicher und sittlicher Verhältnisse gegenüber gaben das Signal zu jener geistigen Revolution, die als in der Natur der Sache begründet sich auch sonst unter ähnlichen Verhältnissen, aber nirgends so kunstmässig und vollständig abgewickelt hat, als im Herzen des geistigen Hellas, in Athen. Was so im Keim noch unentfaltet ruhte und der Befruchtung von aussen harrte um unaufhaltsam emporzuschiessen, dies als erste Hüter gewissermassen zu beleben und zu pflegen, waren die Sophisten bestimmt. Sie erschlossen zuerst dem unbefangenen, ungetheilten Gemüthe das Gebiet des Zweifels; des Zweifels, der beides in sich birgt, Tugend und Laster, Glück und Elend; dieses, wenn er Selbstzweck ist, wie er es bei jenem war; jenes, wenn er als Mittel, zwar als kostbares und gefährliches, doch unvermeidliches zu wirklicher Erkenntniss leitet, wie bei Sokrates. Und so sind uns sogleich die Brennpunkte gegeben, von welchen Licht und Wärme ausging. Mögen die Verdienste der Sophisten in den Negationen ihrer zersetzenden Dialektik fast verschwinden, mögen sie durch spielende Betrachtung der Gegenwart und leichtfertige Oberflächlichkeit nur die Saat des Verderbens in die Gemüther ihrer Zeitgenossen geworfen und durch Anwendung des Satzes, der Mensch sei das Mass aller Dinge, dem Subjectivismus einen ungemessenen und desshalb verderblichen Spielraum eröffnet haben: das ist nothwendig zuzugestehen, dass ihnen die Ehre des Anfangs gebührt, die Ehre, ein neues, reges Leben in den wenn nicht schon erstarrten, doch immer mehr erstarrenden Realismus der griechischen Welt gebracht zu haben; ein Leben und eine Bewegung zwar, welche zunächst fast Tod und Stillstand oder gar Rückschritt zu sein schienen, doch von Sokrates und seinen würdigsten Schülern geläutert ihre wahre Natur offenbarten. Vielleicht nicht exact genug ist Gerlach¹), doch jedenfalls von einer Ahnung des Wahren geführt, wenn er die Rollen des neuen Spieles, welches sich nicht blos vor den Augen der hellenischen Welt abwickeln sollte, so vertheilt, dass er den Sokrates als Vorkämpfer und Märtyrer der ethischen Richtung hinstellt, den Plato die Widersprüche lösen lässt, welche, im Kreise der Wissenschaft selbst hervorgerufen, zu einer tiefern und allseitigen Forschung gemahnt hatten und den Sophisten die Vermittelung der Wissenschaft mit dem Leben beilegt, da das erwachte volksthümliche Leben eine Weihe durch die Wissenschaft begehrt habe. — Dass, wo neue Principien in Thätigkeit treten, Reactionen sich vermitteln, ist zu erfahrungsmässig, als dass es unsere nähere Beachtung verdiente, dass aber bei reactionärer Gesinnung und conservativem Eifer oft ohne ängstliche Unterscheidung doch meistentheils mit gewisser Berechtigung über beiden Gegensätzen erhabene oder zwischen ihnen vermittelnde Thätigkeiten gleichwohl in die Parteiungen hineingezogen werden, glauben wir hier wenigstens andeuten zu müssen. Denn gegen die unschuldige Einfältigkeit eines frommgläubigen Conservatismus, wie gegen den frivolen Vorwitz und die kecke Selbstgenügsamkeit der Sophisten machte Sokrates gleich sehr Front; er gehörte zu keiner von beiden Parteien, wenngleich er die Mittel beider mit Auswahl gebrauchte; keine Partei durfte ihn, wenn sie hell sah, zur Gegenpartei schlagen, wenngleich sie in ihm jener Verwandtes gewiss nicht wenig erblickte. Und hierin liegt ein Moment — auf welches wir später wieder zurückkommen werden — welches den Aristophanes zwar nicht rechtfertigt, doch entschuldigt. Denn in theilweisem Irrthum befangen ist Süvern, wenn er sagt,²) Sokrates sei freilich als Opfer gefallen, doch nicht als Vertreter des neuen Princips, sondern der alten griechischen Volkslehre; und die angeführten Gründe, besonders die geringe Majorität, mit welcher die Verurtheilung erfolgt sei, beweisen nur, dass es nicht Principien allein waren, was die Richter bestimmte, während die Erwähnung des Prodikus³) noch viel weniger ein zwingendes Zeugniss darbietet.

Wenn wir die Aufgabe und das Ziel des Sokrates am glücklichsten in Schwegler's⁴) Worten angedeutet finden, — „was er den Sophisten gegenüber thun konnte, war das, zu bewirken, dass die Reflexion zu denselben Resultaten führte, wie sie bisher der reflexionslose Glaube oder Gehorsam mit sich gebracht hatte, und dass der denkende Mensch aus freiem Bewusstsein ebenso urtheilen und handeln lernte, wie es sonst Leben und Sitte dem gewöhnlichen Menschen unbewusst eingab" — so ist uns damit sogleich seine Stellung zu seiner Zeit gegeben. Er hob alte Zucht und Sitte factisch auf, um sie mit nachhaltigerem Schutze versehen seinem Volke zurückzugeben. Gemeinsam daher war ihm ohne Zweifel mit den Sophisten der Reflexionsstandpunkt im Gegensatze der Unmittelbarkeit des practischen Lebens⁵): was ihn von jenen schied, war dies, dass er bei ihren negativen Resultaten sich nicht

---

1) Gerlach, Fr. Dor., Historische Studien. Hamburg und Gotha 1841. Sokrates und die Sophisten p. 53.
2) Süvern, J. W., Ueber Aristophanes Wolken. Berl. 1826. S. 86.
3) a. a. O. p. 89. Prodikus und Sokrates haben beide gleiches Schicksal gehabt, denn auch jener hat als Verderber der Jugend den Giftbecher trinken müssen, aber seines Todes hat die Athenienser nicht gereut.
4) Schwegler, A., Geschichte der Philosophie im Umriss. 2. Aufl. Stuttg. 1855. p. 23.
5) Hermann, C. F., Gesammelte Abh., Göttingen 1849. XI. Die ältern Sokratiker und ihre Schüler. p. 260, vergl. Rötscher, H. Th., Aristophanes und sein Zeitalter. Berl. 1827. p. 246, wogegen Gerlach, a. a. O. p. 135, welcher indessen weniger wortkarg seine Meinung mit Gründen hätte belegen müssen.

1*

begnügte, dass er das Fehlerhafte ihres Verfahrens wohl erkennend sich von der empirischen Subjectivität zur allgemeinen, vom zufälligen Menschen zum denkenden erhob. Das Ergebniss, zu welchem er gelangte, und welches ihm die Tradition der hervorragendsten Repräsentanten des Alterthums vindiciert, umspannt Hermann[6]) mit kurzen Worten „die Abstraction der Begriffe als Gegenstand der Wissenschaft und der Glaube an einen göttlichen Ursprung der Aussenwelt, als Grund einer gegenständlichen Wahrheit und sittlichen Weltordnung." [7]) — Dass nun ein Individuum von so bedeutsamer Thätigkeit, welches nach allen Seiten hin die kräftigste Anregung aussandte, sich selbst eine hervorragende Stellung erwarb und nicht erst auf die wenigstens zweifelhafte Celebrität zu warten brauchte, die ihm durch des Aristophanes und seiner Genossen Muse[8]) werden sollte, liegt in der Natur der Sache und dürfte vielleicht auch durch das bekannte pythische Orakel bestätigt werden, wenn das Datum desselben nicht durchaus unbekannt wäre.

Nahe an den Heerd der angedeuteten Bewegungen gerückt und nicht bloss Zuschauer sondern thätige Theilnehmer derselben waren Xenophon und Aristophanes, beide, wie Sokrates, atheniensischer Bürger, beide, wie er, von warmer Vaterlandsliebe erfüllt und beide durch herrliche Geisteswerke ausgezeichnet; in ihnen haben sie uns den Sokrates niedergelegt, wie er ihnen erschien. Dass ihre Schilderungen und Auffassungen verschieden sein möchten, würden wir ohne weiteres ahnen; dass sie sich aber fast widersprechen, erscheint uns auf den ersten Blick mit Recht sonderbar. Bedenken wir jedoch, dass die Schwierigkeit der Verhältnisse an sich schon leicht zum Extrem treibt, und vergessen wir nicht, dass sie mitten in eine heftige und anhaltende Bewegung gestellt waren, welche einen klaren Blick erschwerte und eine besonnene Umschau unmöglich machte, und beachten wir zugleich die Zwecke, die sie verfolgten, so wird uns vielleicht eine Lösung der vorliegenden Frage möglich werden, wenn wir zuvor, soweit es angeht, die Persönlichkeiten beider Männer in ihrer öffentlichen, d. h. in ihrer sittlich-litterarischen Thätigkeit uns vorgeführt haben. — Biographieen zu geben liegt ausser unserm Plane, würde auch dem behandelten Stoffe zu fern stehen. Was wir bezwecken ist, mit einigen Strichen die intellectuellen und moralischen Fähigkeiten beider Männer anzudeuten um daran später abzuwägen, was in dem von Sokrates entworfenen Bilde nothwendig sich aus ihrer Eigenthümlichkeit ergeben musste, und was auf Rechnung der Zeitverhältnisse kommt.

Es ist viel von xenophontischer Nüchternheit und Plato's göttlicher Begeisterung gesprochen, von jener Nüchternheit, welche Philosophisches in den unphilosophischen Stil des gemeinen Verstandes übertrug, welche, geblendet gewissermassen von dem sokratischen Lichtgedanken, in den Schranken einer fast schülermässigen Copie sich hielt, nicht im Stande in freithätiger, philosophischer Production, wie Plato, auf eignen Schwingen sich zur Höhe phan-

---

6) a. a. O. p. 233.
7) Einseitig und irrthümlich ist daher Wiggers Urtheil, wenn er — Sokrates als Mensch, als Bürger und als Philosoph. Rostock 1807. p. 193. — des Sokrates Verdienste für den Anbau der Philosophie gänzlich läugnet und ihm nur in Rücksicht der Moral das zuerkennt, dass er ihre Grundsätze näher entwickelte, ob er sie gleich noch lange nicht zu den letzten Principien zurückführte.
8) Wie Wieland im Attischen Museum, Versuch über ein Problem, die Wolken des Aristophanes betreffend p. 73 andeutet, wogegen übrigens F. A. Wolf in seiner Vorrede zur Uebers. d. Wolken p. 12.

tastischer Schöpfungen zu erheben oder in die Tiefen des speculativen Denkens zu versenken. Und hier spalten sich sogleich die Meinungen der Gelehrten, indem die Einen[9]) diese nüchterne Bsschränkung für ein löbliches Praeservativ gegen störende Zusätze und willkürliche Fortbildung oder Deutung des Empfangenen halten und in ihr das sicherste Zeugniss finden für die Ueberlieferung der reinen Lehre, während Andere[10]) in den xenophontischen Traditionen eine Art von actenmässiger Aufzeichnung sokratischer Aussprüche erkennen, die Erkanntes mit Nichterkanntem in harmloser Einfalt vermischt. Hier wird dem Xenophon zwar schriftstellerische Treue nicht abgesprochen, aber jegliche schriftstellerische Befähigung. Was nun die vielbesprochene Nüchternheit betrifft — eine Eigenschaft übrigens, welche wir weit entfernt für einen Fehler zu halten, unter die wesentlichen Tugenden des Historikers rechnen und deren Nothwendigkeit wir nicht blos bei getreuen Referaten anerkennen, sondern auch ganz vorzüglich bei tief gehenden Forschungen — so spielt sie unseres Ermessens bei der Beurtheilung der sokratischen Denkwürdigkeiten, von denen hier ausschliesslich die Rede ist, eine weniger bedeutende Rolle, als es bisher vielen geschienen. Einigen wir uns nämlich zuvor sogleich darüber, dass ein vernünftiger Mann, wofür den Xenophon zu halten uns in der That nichts hindert, nur das schreibt, was er versteht, und halten wir fest, dass für die schriftstellerische Befähigung des Xenophon und seine Glaubwürdigkeit seine übrigen Schriften ein genügendes Zeugniss ablegen, so wirft auf die Abfassung der sokratischen Denkwürdigkeiten vielleicht einiges Licht die Erwägung, dass der Gesichtspunkt, aus welchem er schrieb, practisch und apologetisch war. Wenn er sich nach einem thatenreichen und von ruhmvollen und ehrenhaften Handlungen wahrlich nicht entblössten Lebenslaufe niedersetzte, um Leben und Lehre eines hochgeachteten und innig geliebten Freundes der Mit- und Nachwelt zusammenzustellen, so dürfen wir wohl mit Grund vermuthen, dass ihm, dem in der vielbewegten Schule des Lebens Gebildeten, tiefe Speculation fern lag; dass ihm des Lebens goldner Baum nur grün erschien, und alles, was der Praxis fremd war, seiner Beachtung entrückt blieb. Billigen wir daher auch nicht ganz, was Wieland[11]) aussprach: „Ich zweifle nicht, dass Xenophon uns öfter mehr den Geist, als die Worte seines Meisters gegeben und nicht selten theils unvorsätzlich, theils wissentlich von dem Seinigen dazu gethan habe", so halten wir doch eine freie Relation durchaus nicht für unverträglich mit historischer Treue und finden sie wegen des angedeuteten, practischen Zuges ganz natürlich. Nicht weniger klar aber kann es uns sein, dass Xenophon, als er den Entschluss fasste, dem schmählich verkannten, ihm so verehrungswürdig und rein erschienenen Lehrer seiner Jugend und Berather seines Mannesalters ein ehrendes Denkmal zu setzen, wenigstens sein Andenken von den niederträchtigen Verläumdungen zu säubern, womit seine Widersacher es besudelt hatten, — dass Xenophon da, von gerechtem Zorn übermannt und von enthusiastischer Liebe geführt, die sokratische Lehre nicht überall mit der nöthigen Schärfe des Ausdrucks darstellte. Wenn wir daher Delbrück[12]) ohne Anstand Recht geben, wo er behauptet, — „das eine Verfahren (des Xenophon), die Erörterung nicht weiter zu treiben, als vonnöthen ist, um sich im Leben zurecht

9) Rötscher a. a. O. p. 396.
10) Ritter, H., Geschichte der Philosophie. Hamb. 1830. Th. 2. p. 43 u. 45.
11) Att. Museum. Vorrede zu den Sokratischen Gesprächen aus Xenoph. Memorabilien p. 113.
12) Delbrück, F., Xenophon, zur Rettung seiner durch B. G. Niebuhr gefährdeten Ehre. Bonn 1829. p. 66.

zu finden, ist nicht weniger sokratisch, als das andere, (des Plato), sie ohne Rücksicht auf Anwendbarkeit im Thun und Lassen so weit zu treiben, als sie geben will — so müssen wir hinzufügen, dass Xenophon seinen Zwecken gemäss die Erörterung auch nicht einmal weiter treiben durfte, dass er, um mit seiner Apologie nicht von vornherein durchzufallen, zwar warm, doch auch der Wahrheit getreu und mässig sein musste. Wie sehr er übrigens hier ein richtiges Mass gehalten, lehren die aristotelischen Berichte, mit denen die seinigen im Wesentlichen übereinstimmen. Fügen wir noch zu diesem die in seinen Schriften überall sichtbaren Züge einer vertrauensvollen, fast kindlichen Hingabe an die Götter, eines starken, kühnen und tapfern Gemüthes, einer oft bezeugten Weltklugheit, einer edlen Freimüthigkeit und strengen Rechtlichkeit, so dürften wir wenigstens in schattenhaften Umrissen das Bild eines Mannes erkennen, der in jeder Beziehung mit Recht ein Ehrenmann, ein Kalokagathos genannt werden kann.

Erschien nun des Xenophon Charakter allen makellos, seine Befähigung aber manchem Bedenken ausgesetzt, so griff man bei Aristophanes beides an. Freilich seine künstlerische Befähigung in Frage zu stellen wäre auch ohne die von den modernen anerkannte Tradition der antiken Kunstrichter mehr als gewagt, wenngleich man auch hier zu verkleinern versucht hat. Allein diese haben wir auch nicht im Auge: vielmehr meinen wir die Fähigkeit, die bedeutsamsten Erscheinungen der Gegenwart mit kluger Berechnung und hellem Blick nach allen ihren Beziehungen zu würdigen. Dies Vermögen, sich bei heftigen und erschütternden Zeitbewegungen nicht bloss eine feste, sondern auch erhabene Stellung ebenso wohl zu erringen als zu bewahren und von ihr aus das Toben der Stürme beschwörend die treibenden Elemente mit Sicherheit zu erkennen, setzt zweierlei voraus, eine gewisse Unbefangenheit des Geistes bei natürlicher Begabung und eine angemessene Bildung desselben. Ob nun letztere dem Aristophanes zu Theil geworden, darüber kann bei denen nur eine Stimme[13]) sein, welche die Pracht und Anmuth seiner Dichtungen kennen und sich an seine meisterhafte Handhabung der Sprache erinnern, Vorzüge, welche oft, aber nie ehrender anerkannt worden sind als von Plato in dem bekannten Distichon:

Αἱ χάριτες τέμενός τι λαβεῖν ὅπερ οὐχὶ πεσεῖται
ζητοῦσαι ψυχὴν εὗρον Ἀριστοφάνους

Anders ist es mit den zweiten Punkte, indem wir zwar seine Begabung unangetastet lassen, doch seine Unbefangenheit in keiner Weise verbürgen. Denn was mit Mass bei der Praxis des Lebens angewandt eine sichere Haltung gewährt, die Liebe zu erprobten und als vortrefflich erkannten Instituten der Vergangenheit, aber zu einer Art Leidenschaft geworden und mit rücksichtsloser Consequenz auf alle Verhältnisse der Gegenwart übertragen den Handelnden in eine schiefe Stellung bringt und dem Beobachtenden alles grau in Grau erscheinen lässt, das ist es, was auch der aristophanischen Weltanschauung zum Vorwurfe gemacht werden kann, zum Vorwurfe, der zwar um so eher sich entschuldigt, je erhabener die Vergangenheit erschien, der aber immer zur Sprache kommen wird, wo von des Dichters so eifrigen und doch so vergeblichen Anstrengungen die Rede ist. Diese ungemessene Anpreisung und

---

13) Anders freilich Wieland a. a. O. p. 85. „In seinen Werken zeigen sich keine Spuren, dass seine Erziehung über die damals gewöhnliche der Kinder von geringerem Stande — hinausgegangen wäre."

Lobhudelei altväterlicher Sitte und Verfassung, die aus der warmen Vaterlandsliebe, welche des Dichters Brust erfüllte, nur neue Nahrung sog und die die Schpöfungen seines Genies sogleich aus blossen Possenspielen in ernste, bitterernste Dichtungen verwandelt, die sie aus Volksbelustigungen in tendenziöse Parodieen umschafft, diese überall sichtbare Huldigung entrückter und theilweise überwundener Zustände ist es, welche uns zu der Erklärung zwingt, dass des Aristophanes Urtheile nicht selten scharf und bitter sind: Punkte, auf welche wir unten nothwendig zurückkommen müssen. Diese Betrachtung nähert uns zugleich dem noch heftiger angefeindeten Charakter des Dichters. Die heftigsten Angriffe vielleicht hat Wieland auf ihn gemacht, indem ihm derselbe, was Herz und Sinnesart und Sittlichkeit betrifft, jeden Anspruch auf die Achtung edler und guter Menschen abspricht; fürwahr, ein hartes Urtheil, dessen nähere Prüfung uns einerseits die sonst überlieferte Vaterlandsliebe des Aristophanes, die damit unvereinbar ist, und andere Züge nothwendig erscheinen lassen, andrerseits aber auch die Erwägung wünschenswerth macht, mit der Zernichtung dieser auch ähnliche Behauptungen als leer und grundlos hinzustellen. Den gänzlichen Mangel einer wahrhaft sittlichen Gesinnung erblickt Wieland[14]) vor allen Dingen in frivolen Scenen, wie z. E. der zwischen dem dikaeos und adikos Logos in den Wolken, — welche er als Streithähne verkleidet gegen einander perorieren lasse, — und in obscönen, wobei er die Lysistrata und andere Dichtungen im Auge gehabt zu haben scheint. Was nun den letzteren Punkt betrifft, so bekunden schon die von Aeschylos mit den Tragoedien verbundenen Satyrspiele, wie zart noch unzart auch bei den Griechen der marathonischen Zeit und wie sonderbar temperirt ihr Sinn für obscöne Darstellung war. Das ungenirte Hervortreten derber Natürlichkeit war bei einem durch und durch sinnlichen und mit der Natur in innigster Gemeinschaft lebenden Volke weder anstössig noch ein Zeichen von Verderbniss, Ein Moment übrigens, welches dem Aristophanes um so weniger zum Fehler gewandt werden durfte, da er es nicht in die Comoedie einführte, sondern es längst eingebürgert oder vielmehr mit dem Wesen derselben verwachsen vorfand. In Rücksicht auf den andern Punkt, auf die vermeintliche Prostitution des jedem edlen Menschen eigenthümlichen Strebens nach Wahrheit, läge doch, wollte man nicht tiefer gehen, auf der Hand der Gedanke, dass Aristophanes sich der Denkweise der grossen Menge und ihrem Ideenkreise accommodieren, dass er eben mit den Wölfen heulen musste — um sie nicht scheu oder wild zu machen. Wenn aber Wieland dann fortfährt: „Wie sollte es auch sein Ernst gewesen sein, wenn er die guten alten Sitten aus den Zeiten der Sieger bei Marathon zurückzuwünschen scheint? Sein und seiner Professionsverwandten Vortheil wäre es wahrlich nicht gewesen, wenn diese Zeit wiedergekommen wäre, und Bürger, wie sein Dikaeos sie erzogen wissen will, würden seine Lysistrata schwerlich wohl aufgenommen haben" — so sind solche Worte fast hämisch gesagt. In den Zeiten der Marathonschlacht war auch die attische Comoedie unmöglich; sie war ein Kind späterer Zeiten, in deren Widersprüchen sie empfangen war, aus deren Verderbniss sie Leben und Gedeihen sog; Der empfindlichste aber zugleich und schwächste Hieb ist da auf Aristophanes geführt, wo Wieland von der Unfähigkeit des Dichters spricht, den wahren, innern Sokrates zu erfassen und zu durchdringen. „Denn um einen solchen Mann", so sind die Worte, „recht zu beurtheilen, muss man sein Geistes-

14 a. a. O. p. 53.

verwandter sein. — — Ein guter Mensch kann wohl endlich mit Zeit und Erfahrung dahin gelangen, sich zur Noth eine Vorstellung davon zu machen, wie ein verkehrter Mensch sein kann: aber man muss selbst gut sein, um in einem ausserordentlich guten Menschen nicht einen verschmitzten Betrüger zu argwöhnen." Allerdings begreift nur ein edler Mensch einen edlen ganz: aber dass er ihn nie verkennen könne, ist damit keineswegs ausgemacht., in keiner Weise aber durch solchen Irrthum seine Unmoralität nachgewiesen. Zugegeben nun, könnte man sagen, dass der Kern des Dichters ehrenhaft und sittlich war, ein gut Theil Bosheit bleibt dennoch zurück. Man bemerke nur das Uebermass von tückischer Erdichtung, welche sich in seinem Sokrates zusammendrängt. Bei solchen Einwendungen wollen wir weder mit Kock's vermittelnder Gutmüthigkeit in den aristophanischen Witzen nur harmlose Einfälle erblicken, noch mit Wieland's[15]) bewundernswürdiger Inconsequenz zu der Erklärung unsere Zuflucht nehmen, der Dichter habe dem Sokrates nicht unrecht thun wollen, denn unbegreiflich ist diese Bemerkung nach dem zuvor Gesagten, sondern Bezug nehmend auf die Elemente, in denen der Dichter sich bewegte, und uns erinnernd an die tendenziöse Verfassung seiner Dramen dies vorläufig geltend machen, dass ihm vor der Idee, die er verfolgte, Persönlichkeiten durchaus zurücktreten mussten, und dass wir, was auch Rötscher[16]) wohl einsah, den Boden der attischen Comödie nicht berücksichtigen, wenn wir Spuren des Hasses darin erblicken, dass der Dichter Rang, Geschäft, Familie u. s. w. seines Helden mitnimmt. — Ein Ueberblick des Erörterten lehrt, dass des Aristophanes moralische Persönlichkeit rein und makellos erscheint, dass ihm aber bei der Erforschung der zeitgenössischen Verhältnisse ein unbefangenes Urtheil durch ein Uebermass von Conservatismus versagt war.

Zweites Kapitel

Nach diesen Bemerkungen wollen wir nun versuchen, aus den in Xenophons Memorabilien und des Aristophanes Wolken niedergelegten Zügen des Sokrates zwei Lebensbilder zusammenzustellen, welche uns dann bekunden mögen, wie weit wir in ihnen die Zeit, die sie gebar, die Autoren, welche sie schufen, und den Mann, den sie zeichnen sollten, erkennen.
— Den Anfang machen wir füglich mit dem xenophontischen Sokrates.
Sokrates war in beschränkten Verhältnissen geboren, in Dürftigkeit und von geringen Eltern, und demgemäss in gewöhnlicher Weise erzogen und zunächst für den Stand seines Vaters, die Bildhauerkunst, bestimmt. Seine schwierige Lage, welche durch den mehr als mangelhaften Betrieb seines Geschäfts vermuthlich nicht erleichtert ward, wurde wohl nur dadurch einigermassen erträglich, dass ihm, als athenensischem Bürger, sogleich in der Gesellschaft eine bestimmte und immerhin geachtete Stellung gegeben war. Seine Ehe mit der Xanthippe, über deren übel berüchtigte Zanksucht uns das xenophontische Gastmahl belehrt, welche übrigens sonst als eine thätige und um ihre Kinder wohlverdiente Hausfrau erscheint, war mit mehreren Söhnen gesegnet, von denen uns als der älteste Lamprokles bezeichnet wird.

---
15) a. a. O. p. 100.
16) a. a. O. p. 235.

Den Pflichten, die ihm als Mitglied des athenischen Staatskörpers oblagen, genügte er, wie wir sehen, soweit, dass er sich zwar um Aemter nicht bewarb, sich ihnen aber, wo sie ihm übertragen wurden, in keiner Weise entzog. Seine staatsbürgerliche Thätigkeit ist durch zweierlei Stellungen bekundet, durch Kriegsdienste, die er in drei Schlachten, bei Amphipolis, Potidaea und Delion, that und durch das Amt eines Epistates, welches er mit ehrenhafter Festigkeit verwaltete. Sein übriges Wirken bestand in seiner sogleich zu betrachtenden Lehrthätigkeit, welche einen gewaltsamen Abschluss durch seine Verurtheilung und seinen Tod fand. Die Anklage, welche sich auf die bekannten Punkte der Einführung fremder Gottheiten und der Jugendverführung gründete, wäre vielleicht nicht von so schlimmem Resultate begleitet gewesen, und die unbedeutenden Ankläger, Meletos, ein junger Dichter, Anytos, ein Demagog, und Lykon, ein Redner, würden sich selbst eine erhebliche Strafsumme zugezogen haben, hätte Sokrates von den gewöhnlichen und nur durch ihre häufige Anwendung nicht mehr auffallenden, jedem Ehrenmanne aber verächtlichen Mitteln, Richter und Volk durch demüthige Schmeichelei und erheuchelte Reue zu bestechen, Gebrauch machen wollen.[17]) Doch die ein siebenzigjähriges Leben hindurch bewiesene Standhaftigkeit und Reinheit der Gesinnung verliess ihn auch in diesem entscheidenden Momente nicht. Statt zu heucheln, sprach er seine Herzensmeinung aus und damit zugleich sein Urtheil. Und wie er gelebt hatte, starb er, heiteres Blicks, fester Haltung, frommer Ergebung. —

Wenn wir von diesen skizzenhaften Zügen seiner Schicksale die sonst überlieferte Lebensgewohnheit getrennt haben, um ihrer, wo wir von seiner Lehre und Lehrweise reden, Erwähnung zu thun, so liegt der Grund darin, dass Leben und Lehre bei diesem Manne eng verwachsen ist. Denn z. E. die oft getadelte übergrosse Einfachheit seiner Kleidung, seine von wenigen ihm beneidete Diät und seine Enthaltsamkeit in sinnlichen Genüssen — dies alles ging schwerlich aus der Beschränktheit seiner Mittel hervor; standen ihm doch die Kassen reicher Freunde zu Gebote; — vielmehr ist die Ursache in seinen Grundsätzen zu suchen, vor allem in dem sonst vielfach, selten aber im Sinne des Meisters angewendeten „der Mensch nähere sich der göttlichen Vollkommenheit am meisten, der die wenigsten Bedürfnisse habe". Hier also ist es nicht bloss Phrase, wenn wir sagen, die Moral habe in ihm Erscheinung gewonnen. Für unsere Disposition spricht ausserdem das xenophontische Verfahren, welches seine Lehre zeichnet, indem es sein Leben malt. Es würde in der That verfehlt sein, eine Theologie oder Sittenlehre oder Psychologie des Sokrates mit systematischer Schärfe aufstellen zu wollen, wenigstens ebenso verfehlt, als der Versuch, die Analyse eines Gemäldes in der Weise zu geben, dass man sich in chemische Zersetzungen der Farbenstoffe einliesse. Wie bei einem lebendigen Organismus der Chemismus ein längst überwundener Standpunkt ist, so ist umgekehrt bei einer durch und durch praktischen Lehre die Anwendung theoretischer Kategorieen einer späteren Zeit aufbewahrt. Erst, wenn es uns gelungen sein wird, ein möglichst volles Bild des sokratischen Lebens, Lehrens und Wirkens — natürlich nach Xenophon — zu entwickeln, lösen sich vielleicht einige Particeen ab und gestatten eine genauere Erörterung. —

Die auffallende Hässlichkeit seiner Gestalt, — er hatte hervorstechende Augen, eine ein-

---

17) Xen. Mem. IV. 4, 4.

gedrückte Nase, einen grossen Mund, dicken Bauch[18]) — suchte Sokrates in keiner Weise durch eine gewählte oder sorgfältige Kleidung zu mildern; im Gegentheil, Sommer und Winter erschien er in demselben abgetragenen Gewande. Fand er doch, was sein wenig liebliches Aeussere betraf, hinreichenden Trost in der grösseren Nutzbarkeit dieser unschönen Formen, so wie er rücksichtlich seiner Kleidung Abhärtung des Körpers erstrebte. Zwar das dürfen wir immerhin voraussetzen und finden es auch von Xenophon bestätigt, dass er, weder vom richtigen Tacte verlassen, noch die allgemeinen Regeln des Anstands aus den Augen setzend, cynische Nachlässigkeit und den berüchtigten Schmuz des Diogenes, des toll gewordenen Sokrates, sich habe zu Schulden kommen lassen; allein dass seine Kleidung auffiel, beweist trotz alledem, dass sie das gewöhnliche Mass überschritt. Nicht weniger auffallend war die strenge Mässigkeit dieses Mannes, seine fast kärgliche Diät, seine grosse Enthaltsamkeit,[19]) Eigenschaften, die in den Augen oberflächlicher Beobachter zu sonderbaren Eigenthümlichkeiten werden mochten und die einen eleganten Weichling, wie den Anthiphon, gewiss wenig reizten, wenn sie auch seiner leichtfertigen Gesinnung unlösbar erschienen. Von Bedeutung ist hier die Unterredung, die er mit diesem führte.[20]) da sie uns in die sokratische Denkweise tiefe Blicke thun lässt. Nämlich Anthiphons kecker Versuch, dem Sokrates seine Schüler abspenstig zu machen, indem er in deren Gegenwart die auffallende Widersinnigkeit hervorhebt, die in des Sokrates Verfahren liege, veranlasst diesen zu einer längeren Expectoration über die wahre Glückseligkeit, deren Schwerpunkt in den Worten liegt, „Meinst du, dass aus allem diesen — Glück ich erwählten Beruf u. a. — ein Vergnügen erwachse, vergleichbar dem, dass man bei der Bemerkung empfindet, selbst besser zu werden und auch seine Freunde zu bessern?" — und später — „du scheinst freilich die Glückseligkeit in Üppigkeit und Schwelgerei zu setzen; ich aber glaube: Nichts bedürfen sei göttlich und am wenigsten bedürfen heisse der Gottheit am nächsten kommen". Und hiermit stehen wir sogleich im Mittelpunkte der sokratischen Denk- und Empfindungsweise: aus diesen beiden einander so nahe verwandten Momenten, aus seiner Ansicht von wahrer Glückseligkeit und seiner Auffassung wahrer Göttlichkeit, sind alle seine Aeusserungen, alle seine Vorzüge, so wie seine Fehler zu erklären. Denn sprach er von dem Glauben an die Allmacht oder Allgegenwart der Götter, von ihrer liebevollen Sorge für das Glück der Menschen und von ihrer strengen Aufmerksamkeit auf deren Vergehen, so war der leitende Gesichtspunkt, seine Zuhörer von schändenden und ehrlosen Handlungen abzuhalten, sie nöthigenfalls abzuschrecken;[21]) empfahl er die Mässigkeit mit warmen Worten, oder warnte er vor Ruhmsucht und Prahlerei, liess er sich über den Werth der Arbeitsamkeit vernehmen und über die Vortheile einer klug gewählten Thätigkeit, oder legte er seinen Zuhörern die Pflichten der Dankbarkeit, der Eltern- und Bruderliebe und der Freundestreue ans Herz; war seine Rede erfüllt vom Lobe der Tapferkeit, der Standhaftigkeit, der Gerechtigkeit, oder lehrte er die Nothwendigkeit der Unterweisung und der Selbsterkenntniss, oder sprach er von den Grenzen des Wissens; liess er sich mit stolzer

---

18) Xen. Symp. c. V.
19) Daneben allerdings eine Leistungsfähigkeit im Trinken, die die Bewunderung selbst vollendeter Zecher erregen kann; man vergl. die Symposien des Plato und Xenophon.
20) Xen. Mem. I, 6.
21) Xen. Mem. I, 4.

Verachtung über die die Wissenschaft zum Buhler- und Metzenhandwerk herabwürdigende Gewohnheit der Sophisten, sich bezahlen zu lassen, aus, oder erklärte er in vielleicht zu hoch gespannter, doch immerhin edler Entrüstung sich für würdig, im Prytaneum gespeist zu werden: überall leuchtet die Absicht durch, seine Zeitgenossen zu beglücken, überall das Bestreben, sich selbst zu bessern und zu veredeln und sich in echt klassischer Gesinnung vom Kothe des gemeinen · Egoismus und dienstbarer Käuflichkeit ebenso rein zu erhalten, als sich empfänglich zu machen für den Genuss des wahrhaft Edlen und Guten. So wandelte er unter seinen Mitbürgern umher, den Samen der Tugend ausstreuend durch Wort und Beispiel: schlaffe Gemüther anspornend zu frischer Thätigkeit, in sinnlichen Genüssen aufgelöste scharf und kräftig packend und schüttelnd mit beissender Ironie, von übermüthigem und eitlem Wissensstolz geblähte durch das Spiel seiner zersetzenden und überzeugenden Dialektik zur Erkenntniss, wenigstens zur Ahnung ihrer Hohlheit führend; doch auf der andern Seite niedergedrückte und fast verzweifelnde liebreich tröstend und belehrend[22]) und fähige, doch allzu bescheidene und schüchterne ermuthigend. Denn das hielt er gerade für den ihm von der Gottheit übertragenen Beruf; und dieser Forderung suchte er immer gerechter zu werden, dieses Vertrauens immer würdiger. Ein Mann, durch solche Bestrebungen hoch geadelt, mit Tugenden geschmückt, die unter seinen Zeitgenossen immer seltener wurden — Tapferkeit, Edelmuth, nicht berechnender Opferwilligkeit und grosser Vaterlandsliebe — und von Fehlern frei, die unter jenen selbst die edelsten verunzierten, ein Mann, der über den egoistischen Tendenzen seiner Zeit so weit erhaben war, konnte über die Kurzsichtigkeit seiner Richter und die Verblendung seiner Ankläger wohl eine grosse Verachtung[23]) äussern, sich aber nimmermehr zu der berüchtigten hämischen Prophezeiung fortreissen lassen, welche ihm in der sogenannten xenophontischen Apologie[24]) vindiciert wird. Ein Falsum, dessen offenbare Nichtigkeit wir übrigens nur desshalb hier andeuten, weil die Unechtheit dieser Schrift immer noch nicht allgemein anerkannt wird. — Stichhaltiger und wichtiger ist der Vorwurf eudaemonistischer und utilistischer Beweggründe, der dem Sokrates zuweilen gemacht ist und der sich aus der xenophontischen Darstellung allerdings begründen lässt, wenn er gleich bedeutend geschwächt wird durch die Betrachtung, seine für die Rücksichten auf höhere Moral und Achtung gegen Vernunftgesetze wenigstens der Mehrzahl nach weniger zugänglichen Zuhörer und Schüler hätten dergleichen handgreifliche Demonstrationen nöthig gemacht. Jedenfalls aber übertrieben und verzerrt muss jedem Unbefangenen die Anschuldigung erscheinen, welche man ihm, gestützt besonders auf die Unterredung mit Euthydem — Mem. IV, 2. — gemacht hat, dass er selbst Lug und Betrug nicht unbedingt verwerfe, mithin überhaupt sich in mannigfache Widersprüche verwickle und die wahre, uneigennützige Sittlichkeit untergrabe, statt sie zu begründen. — Die Art nun, wie Sokrates seine Lebenszeugungen andern wahrscheinlich und annehmbar zu machen suchte, entsprang aus seiner Lebensgewohnheit. Er erging sich nicht in längeren, glänzenden, prunkhaften Vorträgen wie die Sophisten, auch nicht in jener hohen Sprache des Plato, welche Göttern geziemen würde, wenn sie eigenmündig uns sich offenbaren wollten[25]):

22) Xen. Mem. II, 7.
23) die ihm zwar von Wiggers a. a. O. p. 155 zum Fehler gewandt wird.
24) Xen. Apol. Socr. §. 29. 30.
25) Delbrück, a. a. O. p. 169.

das Organ, dessen er sich bediente, war die Sprache des gebildeten Umgangs, die Form die des Dialogs; wie er es denn zunächst für eine gar löbliche und wünschenswerthe Fertigkeit hielt und für eine bedeutende Hülfe bei der Erforschung der Wahrheit, sich in verständiger Unterhaltung gewandt zu bewegen und eine Sache nach allen Seiten mit Leichtigkeit durchzusprechen.[26]) Auch vermuthen wir von vorn herein bei der Erwägung, wie er überall mit jedermann von der nächstliegenden Veranlassung aus seine Erörterungen anknüpfte, dass diese am wenigsten die Farbe abgemessener Vorbereitung oder studierter Abrundung trugen. Und hier stehen wir sogleich mitten in seiner Methode. Wie Odysseus nämlich[27]) von allgemein zugestandenen und bekannten Wahrheiten ausgehend trieb er seine Unterredner durch eine lange Reihe von Fragen und Schlüssen zu dem beabsichtigten Resultat, welches dem betreffenden entweder mit beissender Ironie seinen Irrthum aufdeckte, oder ihm, die oft gepriesene Mäeutik des Sohnes der Hebeamme bethätigend, Schätze der Erkenntniss wies, die um so wunderbarer erschienen, je weniger ihre Existenz geahnt war. Diese von den entlegensten Punkten aus gewissermassen pyramidenförmig zulaufenden Untersuchungen, deren positive und negative Seite wir soeben berührt haben, haben den Sokrates zum Erfinder des inductiven Verfahrens gemacht, dessen Spitze dann die Definition bildet. Dass dies Verfahren in seinen Aeusserungen zunächst schwankend und unbestimmt war, dass es einer streng wissenschaftlichen Form entbehrte und seine Ergebnisse oft in paradoxer Weise mehr aufnöthigte, als rationell entwickelte, wundert uns gar nicht, wir finden es im Gegentheil in der Jugendlichkeit der Methode begründet, einer Methode übrigens, welche die nahe liegende Klippe trockener und langweiliger Pedanterie klug vermeidend sich Frische und Leben bewahrte durch geschickte Einmischung von Gleichnissen, Allegorieen, Fabeln, Sprichwörtern, Dichterstellen, Sentenzen weiser Männer u. dgl. m. — Als vorzüglichsten Zweck dieser Methode, als Zielpunkt der sokratischen Bestrebungen haben manche, z. B. Schleiermacher, die Dialektik hingestellt, d. h. die Fähigkeit, einen bestimmten Stoff mit Leichtigkeit zu fassen, aufzulösen und durch Anwendung verschiedener Gesichtspunkte der Wahrheit auf die Spur zu kommen. Genügende Begründung glaubte man einmal in der Inductionsmethode selbst zu finden, welche sich auf die nächsten und probabelsten Ansichten beschränkend entlegenere Meinungen nicht berücksichtige und damit offenbar die Gleichgültigkeit des Stoffes bekunde und das Uebergewicht des Verfahrens, sodann in Xenophons Berichte angedeutet zu sehen, indem dieser unter der Rubrik, wie Sokrates seine Schüler dialektischer zu machen versucht habe, Beispiele aus allen Gebieten sammele, vorzüglich aber aus der Ethik, woraus wiederum mit Evidenz erhelle, wie sehr ihm der Inhalt von der Form zurückgetreten sei. Dass nun dem Sokrates dialektische Befähigung ein Hauptmoment der Bildung war und als solches von grosser Wichtigkeit, bestreiten wir in keiner Weise, dass es ihm aber nicht Selbstzweck, sondern nur Mittel war, steht uns eben so fest. Denn abgesehen von Stellen, wie Mem. I, 6, 13, wo die Bildung wackerer — nicht dialektischer — Freunde als schöne Pflicht eines ehrliebenden Bürgers hingestellt wird, und IV, 8, 6, wo den Genuss des höchsten Glückes Sokrates in das Bewusstsein setzt, sich mit Erfolg bestrebt zu haben immer edler — nicht dialektischer — zu werden, abgesehen von

---

26) Xen. Mem, IV, 5, 2.
27) Xen. Mem. IV, 6, 15.

solchen Stellen, deren Reihe wir verlängern könnten, bietet einen glänzenden Beleg für unsere Ansicht die sonst schon angezogene, IV, 5. 12., wo sich an die Empfehlung die Dialektik zu üben die begründende Bemerkung knüpft „denn mit ihrer Hülfe bildet sich der wackere Mann, der gute Regent, der beredte Redner" — mit anderen Worten, sie ist der Wegweiser zur Tugend, nicht diese selbst. Doch hier gerathen wir sogleich in neue Schwierigkeiten, weil die sokratische Auffassung der Tugend eine der unsrigen scheinbar heterogene ist. Verstehen wir nämlich unter Tugend die Bethätigung des Sittengesetzes, im Wesentlichen also nicht bloss die Entscheidung zum Guten, sondern auch die Verwirklichung dieses Entschlusses, begreifen wir darunter die den Satzungen der Moral adaequate Willensäusserung und zugleich die ernste und edle Stimmung der Seele, welche sich der Haltung des betreffenden Individuums in allen Nebenstellungen mittheilt und es, wie eine ihm eigenthümliche und characteristische Atmosphäre, nie verlässt, so geht Sokrates noch einen Schritt zurück. Dort, wo im Innern des Menschen die Keime des Guten und Bösen zusammenlaufen, wo in ungetrennter und desshalb noch unschuldiger Einheit Erkenntniss und Wille ruhen, wo aus dem jungfräulichen Gemüthe die That sich erst gebären soll, welche ein zweiter, differenzierender Factor zur guten oder bösen stempelt, dort, an den Heerd der Tugend und des Lasters, wenn wir so sagen dürfen, rückt Sokrates das, was ihm Tugend scheint. Betrachten wir nämlich die hier vor andern massgebende Unterredung, welche Sokrates mit dem Euthydem über die Gerechtigkeit führte, und deren Schwerpunkt in dem Schlusssatze liegt: „So würden wir also richtig erklären, wenn wir sagen, gerecht sei, wer der Gesetze kundig ist,[28]) — so bemerken wir, was auch sonst schon erwähnt ward, dass ihm Tugend und Wissen zusammenfiel. Indem ihm also die Kenntniss des Guten mit der Vollbringung desselben nothwendig verbunden schien, und umgekehrt die That erst als eine bewusste ihm Werth und Bedeutung erhielt, indem er den übrigens auch ihm bei seinen Zeitgenossen gewiss oft genug bemerkbaren Widerspruch zwischen Erkenntniss und Handeln unbegreiflich fand, bekundet er eine Reinheit der Gesinnung, die in der That beneidenswerth ist. Zugleich aber ahnen wir auch, was es mit seiner oft genannten Unwissenheit auf sich hat. Denn lassen wir das Wort Schleiermachers[29]) gelten: „Wenn Sokrates im Dienste des Gottes umherging, um das bekannte Orakel zu rechtfertigen, so war dabei das (letzte) unmöglich, dass er nur wusste, er wisse nichts, sondern es lag nothwendig dahinter, dass er wisse, was Wissen sei" — und erinnern wir uns an das eben Erörterte, dass das wahre Wissen ihm nicht todt, sondern lebendig, fruchtbar und energisch, dass es die Tugend selbst war, so liegt in der angezogenen Aeusserung das Bekenntniss, dass er die wahre Tugend bei sich und Andern immer noch vergebens suche, und dass sie ewig vergebens suchen werde, wer sie im Endlichen zu finden hoffe. Und in diesem Sinne aufgefasst enthält das Wort eine unbestreitbare Wahrheit, das Rötscher aussprach[30]) „das Wissen der Negativität alles endlichen Inhalts ist seine Weisheit, durch welche getrieben er in sich geht und dies Erforschen seiner Innerlichkeit als das absolute Ziel ausspricht, den Beginn des unendlichen

---

28) Xen. Mem. IV, 6, 6. ὀρθῶς ἄν ποτε ἄρα ὁριζοίμεθα, ὁριζόμενοι δικαίους εἶναι τοὺς εἰδότας τὰ περὶ τοὺς ἀνθρώπους νόμιμα; — ἔμοιγε δοκεῖ, ἔφη. —

29) Schleiermacher, Ueber den Werth des Sokrates als Philosoph. Abhandl. der Akad. der Wissensch. in Berlin 1814—15. p 61.

30) a. a. O. p. 253.

Wissens." — Mit dieser erhabenen Gesinnung, welche in rastlosem Eifer nach Vervollkommnung strebte und sich nach dem Genuss jenes unendlichen Wissens sehnte, das sie nur zu ahnen vermochte, stehen seine religiösen Ansichten und Ueberzeugungen in vollkommenem Einklang. Nicht als ob er den durch die Institutionen des Staates gebotenen und durch Tradition geheiligten Volksglauben aufgehoben hätte, sehen wir ihn doch den Göttern des Staates opfern nach Gebühr und ihre Hülfe nach Brauch in Anspruch nehmen, finden wir doch seine Achtung vor den Aussprüchen des delphischen Gottes von Xenophon bezeugt: nicht auflösend verhielt er sich zur Religion des Staates, sondern veredelnd und sie reinigend von den Schlacken niedriger Sinnlichkeit. Denn that er z. B., um nur eines zu erwähnen, etwas anderes, wenn er darauf hinwies, dass nicht die Grösse des Opfers der Götter Gunst erwerbe, sondern die Gesinnung vielmehr, mit welcher es gegeben werde? Und gross und herrlich nannte er die Gottheit, alles sehend, alles hörend, allenthalben gegenwärtig und für alles sorgend[31]). Ein Problem bleibt hier das bekannte Daemonion, welches Schwegler[32]) einigermassen gezwungen zu einer Naturform des Volksglaubens macht, indem er den Autoritätenglauben der Volksreligion mit der aller äussern Autorität feindlichen Reflexion des Sokrates vermitteln will. In diesem Falle durfte das daemonische Zeichen dem Sokrates nicht so objectiv gegenüberstehen. Eben so wenig dürfen wir darin mit Rötscher[33]) und Andern das Wesen des Gewissens erblicken, wenngleich auch das in dem bekannten Dialoge Plutarchs von Simmias citierte Orakel etwas derartiges darunter zu verstehen scheint, indem es das Daemonium einen bessern Führer durch's Leben nennt, als tausend Magister und Schulmeister. Einmal erstand die Macht des Gewissens nicht erst mit Sokrates, sondern war alt und schon zu Hesiods Zeiten bezeugt, in dessen Gedichten sie angedeutet [wird: es bedurfte also nicht dieser geheimnissvollen Einkleidung. Ausserdem aber sind jene daemonischen Zeichen den Aesserungen des Gewissens in keiner Weise verwandt oder auch nur ähnlich. Wir müssen wohl mit einem Blick auf die sonstigen Eigenthümlichkeiten dieses Mannes und erwägend, dass uns jede Analogie fehlt, darauf verzichten es zu erklären[34]), indem vermittelnde Vorschläge, als starkes Ahnungsvermögen[35]) u. dergl. jedem unbenommen bleiben. Das aber muss wenigstens festgehalten werden, dass er von dem Daemonium nie als von einer ihm vor allen ausschliesslich zugehörenden Schutzgottheit spricht, dass er sich nur für einen für die mahnende Stimme desselben empfänglichen Sinn beilegt[36]). — Ueberblicken wir das Gesagte noch ein-

---

31) Xen. Mem. I., 4, 18. γνώσῃ τὸ θεῖον, ὅτι τοσοῦτόν καὶ τοιοῦτόν ἐστιν, ὥσθ᾽ ἅμα πάντα ὁρᾶν καὶ πάντα ἀκούειν καὶ πανταχοῦ παρεῖναι καὶ ἅμα πάντων ἐπιμελεῖσθαι.

32) a. a. O. p. 28.

33) a. a. O. p. 256.

34) Zu diesem Resultate kommt auch Volquardsen, E. R., das Daemonium des Sokrates und seine Interpreten. Kiel 1862. Wenn derselbe gleichwohl ein Analogon zu dem Daemonium des Sokrates in dem Leben Jesu zu finden vermeint, so dürfte die Aehnlichkeit sich lediglich auf die Singularität beider Persönlichkeiten beschränken, da die Mittel, die ihnen zu Gebote standen, ebenso weit auseinander gehen, wie die Zwecke, denen sie dienten.

35) Wiggers, a. a. O. p. 39.

36) Von mehreren angemerkt; u. a. vergl. J. F. Aufschlager in Io. Schweighäusers opusc. acad. Arg. 1806 p. 132. quod-daemonium-quidem non ita ut a plerisque factum video accipiendum arbitror quasi peculiarem quendam deum sive genium comitem ac socium sibi uni prae ceteris hominibus tributum statuisset.

mal, um mit wenigen Strichen ein Resultat zu geben, so glauben wir dies kaum bezeichnender als mit den Worten thun zu können, mit welchen die Denkwürdigkeiten des Xenophon schliessen: „Unter denen, welche den Sokrates seinem wahren Wesen nach gekannt haben, sind alle Freunde der Tugend auch jetzt noch in heisser Sehnsucht nach ihm befangen, als nach dem besten Beförderer ihrer Tugendliebe. Wenigstens ist er mir so, wie ich ihn beschrieben habe, nämlich so fromm, dass er nichts ohne den Willen der Götter that, so gerecht, dass er auch den geringsten nie beleidigte, wohl aber allen, die mit ihm zu thun hatten, sehr nützlich war, so Herr seiner selbst, dass er das Angenehme dem Besseren nie vorzog, so weise, dass er in seinem Urtheile über das Bessere und Schlechtere niemals fehlte, so geübt andere zu prüfen, und, wenn sie irrten, zu überzeugen und zur Tugend und Rechtschaffenheit zu ermahnen; mir ist er, sage ich, als der vortrefflichste und glückseligste Mensch erschienen".

Auf diese Darstellung lassen wir den Versuch folgen, den Sokrates zu zeichnen, wie er uns bei Aristophanes entgegentritt. Den vorzüglichsten Stoff liefern die Wolken, weniger die Frösche und Vögel. Dass die vorauſgehende Skizze des xenophontischen Sokrates manches hier überflüssig macht, was sonst der Erwähnung bedurfte, braucht kaum angedeutet zu werden. Wir führen daher den Sokrates sogleich in der Gestalt ein, die ihm Aristophanes leiht.

Wir erblicken einen grämlichen Alten, der durch Schmuz in der Kleidung und gaunerhafte Unverschämtheit im Blicke gleich ausgezeichnet ist. Zu einer mehr als genialen Nachlässigkeit in der äusseren Erscheinung, deren hervorragende Merkmale die Wörter ἀνυπόδητος und ἄλουτος enthalten, und deren Eindruck auf den Beobachter das neugebildete Verbum σωκρατεῖν — Vögel 1282 — wegen der bedenklichen Nähe des ῥυπᾶν als einen widerlichen, wenigstens sehr ungünstigen bezeichnet, gesellen sich entschiedene Unsauberkeiten, da der schon angedeutete Schmuz von jenen kleinen Thierchen belebt erscheint, welche die gewöhnlichen Begleiter der Unreinlichkeit sind.[37]) Diese wenig einnehmende Figur denke man sich ausserdem durch eine krankhafte, bleiche Farbe entstellt und durch eine mit ihrer Niedrigkeit seltsam contrastierende Frechheit des Auges charakterisiert und eine Anmassung in der ganzen Körperhaltung, welche von vorn herein jede an sie gerichtete Frage höhnisch zurückzuweisen droht und welche alles erwarten lässt, nur nicht Aufrichtigkeit der Gesinnung und ein offenes Bekenntniss,[38]) — so hat man das Bild des Mannes, von welchem im Folgenden die Rede sein soll. In seine Grübelbude eingeschlossen und die Bewegung in freier Luft ängstlich meidend,[39]) —wenn er es nicht vorzieht, in Kramläden und Werkstätten mit unnützem Geschwätz lästig zu werden,[40]) — beschränkte sich Sokrates auf den Umgang weniger, ihm in jeder Beziehung ähnlicher Genossen, unter denen vorzüglich Chaerephon genannt wird. Aus wie lieblichen Elementen übrigens seine Sippe gemischt gewesen, ahnen

---

37) Vergl. Aristophanis Nubes ed. God. Hermannus, Lips. 1799. v. 146.
Δαροῦσα-sc. ψύλλα-γὰρ τοῦ Χαιρεφῶντος τὴν ὀφρῦν
ἐπὶ τὴν κεφαλὴν τὴν Σωκράτους ἀφήλατο.
u. v. 699., wo Strepsiades sich vor Wanzen nicht retten kann. —
38) Nubb. v. 1172. f.
39) Nubb. v. 199. f.
40) Rann. v. 1491.

wir aus Wolken 330 ff.⁴¹) wo als vorzüglichste Glieder derselben namhaft gemacht werden: Sophisten, Wahrsager, Quacksalber, eitle Gecken, überirdische Betrüger und faules Gesindel. In einer so wenig anziehenden Gesellschaft wirkte er und verbreitete seine Lehre, deren Aeusserlichkeiten wir zunächst bewundern wollen, um dann auf Inhalt und Zweck zu kommen. Einen Anfang machen Proben seiner Weisheit und seiner Kunst, mit welchen er gewissermassen an der Stelle von Aushängeschildern oder Empfehlungskarten sich Gönner zu gewinnen und Schüler zu fangen sucht. Als unbedeutende Kleinigkeit, — wenngleich nicht unbemerkt bleibt, dass auch dazu immerhin schon einiger Scharfsinn gehöre, — wird die Lösung von Fragen hingestellt, wie die nach der Grösse eines Flohsprungs in Flohfüssen angegeben,⁴²) oder nach dem wahren Ursprung der Töne, die eine Stechmücke von sich geben, ob dieser nämlich im Munde oder im After zu suchen;⁴³) bedeutsamer schon erscheint die Fähigkeit, sich auf billige Weise ein Abendessen zu verschaffen;⁴⁴) unwiderstehlich aber musste die lockende Aussicht wirken, sich vor lästigen Mahnungen seiner Gläubiger in jeder Weise sicher zu fühlen oder bei gerichtlichen Streitigkeiten unter allen Umständen als Sieger hervorzugehen.⁴⁵) Bezeichnend sind hier besonders Wolken v. 1154 ff. Sokrates eröffnet dem Strepsiades, dass er erreicht, was er gewünscht habe, nämlich jeder Klage in Zukunft entgehen zu können. Und als jener zweifelnd fragt, ob auch einer durch Zeugen bekräftigten Schuldklage, antwortet Sokrates mit einem Uebermass von gaunerhaftem Hohne: Je mehr Zeugen, je besser. — Den Weg zum Genusse so neidenswerther Glückseligkeiten babnt vor allem, was auch sonst als überall wirksames Mittel erscheint, ein anständiges Honorar.⁴⁶) Zwar sind einige Anlagen bei den Schülern wünschenswerth, doch nicht so nothwendig als jenes. Man vergleiche Wolken v. 869 f. Sokrates tadelt den breiten Dialekt des Pheidippides und deutet mit echter Marktschreierei die Schwierigkeiten an, ihn mit Erfolg zu unterrichten; doch leugnet er die Möglichkeit nicht, da ja selbst Hypperbolus — ein berüchtigter Dummkopf — der Redekunst nicht unzugänglich gewesen, freilich nach Erstattung eines Talents — 873. καίτοι γε ταλάντου τοῦτ᾽ ἔμαθεν Ὑπέρβολος. — Hatte man sich nun über die Präliminarien verständigt, so ward man gewürdigt, die geheiligten Räume des Lehrgebäudes selbst zu betreten, wo einige verhungerte Gestalten, deren sonderbar verschränkte Lagen und Stellungen alle möglichen Conjecturen zuliessen, und verschiedene sonst nie gesehene Instrumente⁴⁷) den Blick sogleich lebhaft beschäftigten, bis die volle Aufmerksamkeit der auf einer frei schwebenden Matte ruhende Meister selbst in Anspruch nahm. Alsdann ging die Einweihung vor sich. Auf einem heiligen Ruhepolster gebettet, — wenn anders er es vor Ungeziefer daselbst aushalten kann, und mit einem Kranze geschmückt, musste der Novize einem vom Meister an die mystische

---

41) . . . . δοφιστάς,
    θουριομάντεις, ἰατροτέχας, σφραγιδονυχαργοκομήτας,
    κυκλίων τε χορῶν ᾀσματοκάμπτας, ἄνδρας μετεωροφένακας,
    οὐδὲν δρῶντας, — ἀργοὺς, —
42) Nubb. v. 145 u. 146.
43) Nubb. v. 157.
44) Nubb. v. 178.
45) Nubb. v. 940 u. 411.
46) Nubb. v. 102 — ἀργύριον ἦν τις διδῷ.
47) Man vergleiche die komische Schilderung; Wolken vv. 180—207 u. v. 219 ff. —

Macht der Wolken gerichteten Gebete⁴⁸) lauschen, um vor allem ihre Gunst zu erlangen. Nach so prunkhaften Vorbereitungen hatte er sich zunächst an einige Aeusserlichkeiten zu gewöhnen, wie an neue Schwur- und Fluch-Formeln u. dergl.; auch durften ihm Ausdrücke, als Gedankenfehlgeburt, Gedankenspaltungen u. a.⁴⁹) nicht mehr auffallend erscheinen. War durch solche Praeambeln der Geist des Schülers in der nöthigen Weise bearbeitet, so begann eine systematisch geordnete Unterweisung. Veraltete und ammenhafte Ansichten von Zeus' Weltregierung wurden als lächerlich und unverständig beseitigt, um das so gereinigte Gemüth für den Glauben an den die Schicksale der Welt nunmehr bestimmenden Wirbel und Schwindel empfänglich zu machen⁵⁰). An solche Theologie knüpften sich physikalische Unterweisungen, wie über den Himmel, den man sich als Ofen zu denken habe, in welchem die Menschen die Kohlen seien u. a.; die Spitze bildeten dialektische Untersuchungen. Zur Sprache kamen hier gewissermassen als Kropaedeutik Forschungen über die Verskunst, Metrik und Rhythmik, Wortbildungslehre, um an ihnen in scharfsinnigen und feinen Wortanalysen und Gedankenzergliederungen Auffassungskraft und Verstand zu üben. Den Schwerpunkt der Lehre aber und die volle Gewähr für ihre Vorzüglichkeit enthielt der Cursus, welcher mit den sogenannten Logoi bekannt machte und in methodisch geordneten Disputationen bestand.

Glückliche Fertigkeit in diesen und ein erschöpfendes Verständniss des Wesens der beiden Logoi berechtigten zu allem, weil sie vor allem schützten. Der ausgelernte Schüler vereinigte die Tugenden des Freidenkers und des Sykophanten, des Schwätzers, des Schelms und des gewandten Betrügers⁵¹). Unerreichbar war ihm nichts, — nur von des Meisters hoher Vollkommenheit trennte ihn immer noch eine ansehnliche Kluft. Charakteristisch sind hier Wolken vv. 1425 ff. Pheidippides weist die Berechtigung der Söhne, ihre Väter zu prügeln, damit nach, dass er sich auf die Hühner beruft, welche es ebenso machten. Als Strepsiades ihm treffend erwiedert, warum er nicht auch, wie jene, den Koth verzehre und auf dem Holze schlafe, erklärt Pheidippides, dass in diesen Beziehungen wohl selbst Sokrates, — der doch sonst einen guten Magen habe, — keine Aehnlichkeiten oder Berührungspunkte erblicken dürfte: οὐ ταὐτόν, ὡς τάν, ἐστίν, οὐδ' ἄν Σωκράτει δοκοίη.

Ueber Sokrates geht also in dieser Beziehung nichts. Das Bewusstsein so bedeutsamer Fähigkeiten lässt bei Meister und Schülern das Urtheil der Menge als durchaus verächtlich und nichtig erscheinen und tröstet sie über den wenig schmeichelhaften Ruf, in dem sie bei jener stehen. Denn wie wenig rücksichtsvoll auch die Ausdrücke sind, mit welcher die Menge den Sokrates und seine Schule bezeichnet, — man vergleiche das Register von Schimpfnamen Wolken v. 444 ff. ἰμάσι, εὔγλωττος, τολμηρός κτέ. — Strepsiades verwindet dies alles, wenn er nur ein echter Schüler des Sokrates wird. Und dieser selbst, was ist er anders, als ein in schmuziger Pedanterie ergrauter Schulweiser, von dem man nicht sagen kann,

---

48) Nubb. v. 265 ff.
49) Nubb. v. 137 u. 737 u. a.
50) vergl. Nubb. v. 366, 379, 422.
51) Nubb. v. 261. λέγειν γενήσει τρίμμα, κρόταλον, παιπάλη.

worauf er stolzer sei, auf seinen Schmuz oder seine Pedanterie, von dem aber das Eine mit Sicherheit feststeht, dass er unnütze Tagediebe heranbildet, welchen die Tugend der Arbeitsamkeit vollständig fremd und das Gefühl der Ehrfurcht ein ganz unbekanntes ist. —

Drittes Kapitel.

Schon eine oberflächliche Vergleichung beider Darstellungen lehrt, dass sie bei allen Unähnlichkeiten und Widersprüchen e i n e n Berührungspunkt haben, an den eine eingehende Untersuchung anknüpfen kann, den nämlich, das beide den Sokrates als eine wichtige Persönlichkeit hervortreten lassen, als ein Epoche machendes Individuum, dass sie ihn als eine Erscheinung bezeichnen, die wohl Beachtung verdiene, da sie eine weitgreifende Thätigkeit entwickele, dass sie ihm eine bedeutsame Stellung anweisen nach Massgabe des entschiedenen Einflusses, den er auf seine Zeitgenossen ausübe. In allem übrigen aber treten entschiedene Differenzen hervor, welche sich am passendsten vielleicht in drei Gruppen ordnen lassen. Giebt man nämlich zu, was man mit Fug darf, dass die xenophontische Darstellung der Wahrheit am nächsten komme, und legt man sie danach als provisorisches Mass an die aristophanische, so ergeben sich in dieser einmal Verzerrungen wahrer Grundzüge, dann fremde Zusätze oder Erweiterungen, endlich offenbare Auslassungen. Denn die Einfachheit des xenophontischen Sokrates in Kleidung und Diät ist bei Aristophanes in schmuzige Zerlumptheit und Hungerleiderei verkehrt, die Festigkeit seiner Haltung in beleidigende Frechheit, seine Popularität, sein lebhafter Verkehr mit dem Volke, die freundliche Bereitwilligkeit, sich mit jedem in ein Gespräch einzulassen, in lästige, sich überall aufdrängende Geschwätzigkeit, seine heitere Geselligkeit endlich und die Lehrgemeinschaft, die er ohne alle Verpflichtung mit einem Kreise nicht erlesener, sondern freiwilliger Begleiter, Zuhörer, Freunde eingegangen war, in schulmeisternde Pedanterie und streng umschriebene Schulform. Daneben bemerken wir, als uns vollständig unbekannt, die auf das Studierzimmer scheu sich beschränkende Lebensweise; als fremd treten uns auch die berüchtigten Proben seiner Weisheit entgegen, die hie und da geäusserten theologischen und physikalischen Ansichten und noch mehr Zweck und Ziel der Unterweisung. Mit einiger Verwunderung endlich nehmen wir wahr, dass von manchen wohlbekannten Eigenthümlichkeiten, wie von dem momentanen Versinken in sich und besonders von dem viel besprochenen Daemonium gar keine Notiz genommen ist. Diese Betrachtung führt uns sogleich zu der oft aufgeworfenen Frage, welche Momente zu einer glücklichen Lösung des in jenen Verschiedenheiten angedeuteten Problems heranzuziehen seien. Versuche dazu wurden schon sehr früh unternommen; eine kurze Kritik derselben lässt uns vielleicht erkennen, welche Klippen wir zu vermeiden und vor welchen Missgriffen wir uns zu hüten haben, indem sie uns zugleich auf die Punkte aufmerksam macht, die hier von Bedeutung sind. Einen Anfang machen die ganz schiefen Urtheile, welche uns unter den griechischen Argumenten von dem zweiten, achten und neunten überliefert sind. Die beiden letzten, von denen das zweite nur eine andere Fassung des ersten, dem Thomas Magister zugeschriebenen, zu sein scheint, erzählen uns das auch aus Aelian[52]) bekannte alberne Mährchen von der Bestechung des Aristophanes durch Anytos und Meletos, während uns das zweite Argument von einem Zwange berichtet, der dem Dichter von jenen beiden angethan sei[53]). Abgesehen nun davon, dass Bestechung sowohl, wie Zwang schon chronologisch ein Unding ist, da Meletos zur Zeit der Aufführung der Wolken noch ein Knabe war, ist die Möglichkeit eines Zwanges schlechterdings nicht zu begreifen. Ausserdem hatte Aristophanes wohl eine bessere Meinung von den Zwecken der Komödie, als sie zum Probiersteine für den Umfang und die Stärke von Parteiansichten herabzuwürdigen. Höher steht das sechste Argument, indem es den Dichter in einem Irrthum befangen sein lässt[54]), und das erste und vierte, welche den ganzen Handel doch schon zu einer Principienfrage erheben, dieses, wo es von der Absicht des Dichters spricht, das gottlose Wesen des Sokrates durchzuhecheln — ἀσέβειαν διεξιών —, jenes, da es die Ursache des Stücks auf eine Feindschaft zwischen Komikern und Philosophen zurückführt, wobei zugleich als falsch die von einigen als Veranlassung beigebrachte Eifersucht zurückgewiesen wird, welche auf einem dem Sokrates vor Aristophanes von dem Könige der Macedoner, Archelaos, gegebenen Vorzuge beruht haben sollte. — An Feindschaft, aus persönlicher Beleidigung hervorgegangen, glaubte in jüngster Zeit auch Landsberg[55]); er weist besonders auf die Mögligkeit hin, Aristophanes habe sich anzügliche Aeusserungen des Sokrates über Würfelspieler und Possenreisser zu sehr zu Herzen genommen. Das Resultat, zu dem er gelangt, beweist den innern Widerspruch seiner Argumentation. Der in seiner Ehre, in seiner physischen Existenz gekränkte Dichter soll sich an seinem Freunde, — denn dieses bleibt Sokrates trotz alledem, — durch eine verläumderische und lügenhafte Darstellung desselben auf der komischen Bühne rächen. Dieser in aller Freundschaft ausgetheilte Hieb verwandelt sich bei Wieland in offenbare Bosheit. Nachdem derselbe nämlich[56]) von der Unschädlichkeit der alten Komödie gesprochen, — wobei übrigens die an sich richtige Bemerkung, dass in dem Falle, da eine Menge Volks gegen jemand äusserst aufgebracht sei, es kein gewisseres Mittel, einen solchen Menschen zu retten, gebe, als wenn man sie über ihn zu lachen mache, durchaus störend ist, da es wohl schwerlich in der Absicht des Aristophanes liegen konnte, den Kleon z. E. zu retten, — schiebt er dem Aristophanes Beweggründe[57]) unter, welche dessen Gesinnung nicht bloss oberflächlich, sondern gemein und verächtlich erscheinen lassen. In dem Lichte einer gehässigen Darstellung erschien des Aristophanes Dichtung auch Wiggers[58]), und selbst F. A. Wolf, auf den wir übrigens zurückkommen werden, will den Dichter nicht von dem Verdachte wahrer Bosheit reinigen. Wir können hier schon auf zwei Missgriffe aufmerksam machen, — sie werden uns auch später noch begegnen — welche eine Lösung der angedeuteten Frage unmöglich machen, da der Knoten von vorn herein zerhauen wird. Entweder

---

52) Aeliani *Ποικίλη Ἰστορία*. Lips. 1829. lib. II. c. XIII.
53) φασὶ τὸν Ἀριστοφάνη γράψαι τὰς Νεφέλας ἀναγκασθέντα ὑπὸ Ἀνύτου καὶ Μιλήτου, ἵν᾽ διασκέψωνται ποῖοί τινες εἰεν Ἀθηναῖοι ἀκούοντες κατὰ Σωκράτους.
54) angedeutet in den Worten: ὡς τοιαῦτα νομίζοντος.
55) Landsberg, M., über den Sokrates in den Wolken des Aristophanes. Philologus. VIII. p. 94 sqq. 1853.
56) a. a. O. p. 79.
57) a. a. O. p. 98.
58) a. a. O. p. 112.

nämlich liess man den Aristophanes mit entschiedener Berechtigung seine Kunst an einem untergeschobenen Sokrates versuchen — Argumentum IV. — oder man that ihm Unrecht, indem man ihm unwürdige Motive unterlegte. — Nicht weiter bringt uns ferner die Ansicht G. Hermanns[59]), der einerseits den Dichter die Person, Lehre und Lehrmethode des Sokrates aus reiner Spottlust verhöhnen lässt und in der unschuldigen Absicht, die Lachmuskeln der Athener in Bewegung zu setzen, und ihn andrerseits mit Reisig durch die zwischen Sokrates und Euripides bestehende Freundschaft gereizt sein lässt. Ebenso wenig fördern uns A. W. v. Schlegel und Mitchel[60]), deren Untersuchungen zu falschen Erweiterungen oder gar Erdichtungen führen und sich auf Einzelheiten beschränken. Erst nachdem Wolf in seiner Vorrede S. 14. darauf hingewiesen, dass in des Aristophanes Dichtung keine Personalsatire zu suchen sei, bahnte Welcker einen richtigen Weg an. Zwar pflichten wir ihm in keiner Weise bei, wenn er in den Wolken gewissermassen einen neckischen Versuch sieht, hervorgegangen aus dem Gelüst, der sich unfehlbar dünkenden Philosophie auch einmal etwas am Zeuge zu flicken[61]), — eine Ansicht, welche schon durch die Bitterkeit der ausgesprochenen Satire widerlegt wird; — noch theilen wir seine Ansicht, nach welcher des Sokrates nicht selten lästige und beissende Ironie dazu aufgefordert habe, ihn wieder Ironie fühlen zu lassen[62]): denn auch hierin könnte man nur Spielerei erblicken; und war weiter nichts der Grund, so musste sich Sokrates beleidigt fühlen bei solcher Parodie, was doch überlieferter Weise nicht der Fall war; — auch das geben wir ihm nicht zu, dass in den Wolken das unschuldig Lächerliche des unnöthigen Lernens verhöhnt werde[63]): — nach unschuldigen Spässen dürften wir bei Aristophanes wohl vergebens suchen; — doch darin erkennen wir Wahrheit an, wenn er S. 206. darauf hinweist, dass Aristophanes in das Triebwerk des Ganzen nothwendig eingreife und keiner Verantwortung bedürfe. Fährt er dann fort: „Wenn Aristophanes nur dunkel geahndet hätte, dass Geistesgewandtheit und Sophistik dem Vaterlande gefährlich werden könnten, so ist sein Eifer gegen die Beförderer derselben löblich" — so sehen wir nicht ein, weshalb man ihm diese dunkle Ahnung nicht vindicirent. Auf die von Wolf und Welcker angedeuteten innern Nothwendigkeit der aristophanischen Komödie baute Süvern weiter, indem er a. a. O. S. 22. aussprach, es scien nicht sowohl Personen, als Principe, was Aristophanes in den Wolken und in ihren Hauptcharacteren, namentlich in dem des Sokrates, angreife, indem er den Aristophanes in dieser Dichtung den Principienkampf fortsetzen lässt, den derselbe in den Daetales und den Rittern schon eröffnet und später in den Wespen und Fröschen wieder aufgenommen habe. Nun bleibt er aber stehen. Hatte er zwar richtig angedeutet, dass Aristophanes mit Recht gegen ein neues Princip in die Schranken getreten sei, so erkennt er ihm doch nur ein formales Recht zu, seine Waffen gegen Sokrates erhoben

---

59) Praef. ad. Nubes p. XXX. u. XXXV.
60) von Rötscher erwähnt a. a. O. p. 309.
61) Welcker, Komödien des Aristophanes. Anhang zur Uebersetzung p. 194. „Der Philosophie sollte nicht gerade das Urtheil gesprochen, sondern ihr gezeigt werden, dass sie nicht allein vollkommen, sondern wie alles Menschliche von Schwächen umgeben sei"
62) ebendas. p. 196.
63) ebendas. p. 213.

zu haben; täuschte er sich nicht, wenn er die Wolken gegen ein allgemein bedenkliches Symptom der Zeit im Leben des athenischen Volkes"⁴) gerichtet glaubte, so griff er darin fehl, dass er die Wahl des Sokrates durch Aeusserlichkeiten zu vermitteln suchte. Zwar hebt er richtig hervor, dass Aristophanes für sein Volk, für die Gegenwart der grossen Menge dichtete, nicht für wenige erleuchtete oder in gläubiger Andacht befangene Schüler des Sokrates, doch erscheint dieser nach seiner Theorie nothwendig als ein lebendiges Compendium eleatischer und sophistischer Lehren, als ein Schema ohne Fleisch und Bein; und wenn er S. 70. ff. das von Rötscher und von Henning geltend gemachte und sogleich zu betrachtende Princip der gemeinsamen Subjectivität, welches den Sokrates mit den Sophisten in Relation gestellt, zurückzuweisen versucht, so geschieht das ohne Erfolg. Freilich war Sokrates vom subjectiven Denken nicht so befangen, dass er ein objectives Wissen geleugnet; aber er participierte daran, was Süvern selbst, wenngleich wider Willen, ausspricht, wo er S. 73. von einem Weisen redet, der zwar nicht wie die Sophisten die Gründe seiner Handlungen nach willkührlichem Interesse ersonnen, doch bei allem, was er that, dem Grunde gemäss, gehandelt habe. Wo Süvern den Faden der Untersuchung fallen liess, nahm ihn Rötscher auf. Hatte jener sich begnügt, für die komische Darstellung des Sokrates den Standpunkt des komischen Dichters überhaupt geltend zu machen"⁵), so suchte dieser nach einer innern Berechtigung und fand sie in dem gemeinsamen Boden des Selbstbewusstseins und des Princips der Subjectivität"⁶). Hiermit bleibt uns der Tendenz nach der historische Sokrates in dem aristophanischen, und Aristophanes selbst steht gerechtfertigt vor uns; allein nur der Tendenz, dem Principe nach. Machen wir Ernst mit dieser Ansicht, d. h. halten wir sie an die einzelnen dem Sokrates geliehenen Züge, so lässt uns auch Rötscher im Stich. Erscheint ihm nämlich Sokrates bei dieser Argumentation als Träger des göttlichen Inhaltes, dem aber die Möglichkeit innewohnt und die wohl begründete Furcht, dass er sich auch bald zum Ungöttlichen verkehren könne, so reduciert sich die Berechtigung des Aristophanes, das Bild des Weisen zu verzerren, auf Möglichkeiten. Der Dichter bekämpft dann nicht mehr das sokratische Princip, sondern dessen Entartung, eine solche anticipierte Entartung nun scenisch consignieren ist gewiss komisch; allein wir kommen mit dieser Erwägung nicht weiter, weil sich uns der historische Sokrates sogleich wieder aus den Händen entwindet. An das Resultat dieser Untersuchung, dass Aristophanes berechtigt war, den Sokrates auf die komische Bühne zu führen und ihn zum Gegenstande seiner satirischen Polemik zu machen vermöge des ihm mit den Sophisten gemeinsamen Princips der Reflexion knüpft sich zur richtigen Würdigung desselben sogleich die Frage: In welchem Verhältnisse stehen die Mittel, deren sich Aristophanes bediente, zu dem Zwecke, den er verfolgte, d. h. werden die komischen Mittel zugleich mit dem Ziel der Komödie gerechtfertigt, oder sind für sie noch andere Gesichtspunkte

---

64) Süvern, a. a. O. p. 32.
65) Süvern. a. a. O. p. 68. „Hat nun die dramatische Person des Sokrates keine Portraitähnlichkeit, so heisst es den Standpunkt für die Beurtheilung des komischen Dichters mit dem für die Beurtheilung eines Geschichtsschreibers verwechseln, wenn man daran sonderlich Anstoss nehmen will." —
66) Rötscher, a. a. O. p. 317.

Wärme der Empfindung in jedem Zuge abkühlt; trat uns dagegen in der aristophanischen Schilderung tendenziöse Schärfe und die wenig verhüllte Bitterkeit eines eifrigen Conservatismus[72]) entgegen: — erkannten wir dort kaum getrübte Wahrheit, hier ein mit fremden Elementen sattsam versehenes Zerrbild: so wird uns jetzt vielleicht das richtige Verhältniss dieser beiden Schilderungen deutlich, wenn wir sie mit einer dritten, mit der platonischen in Relation setzen und nun aussprechen, was Süvern andeutet, dass Plato und Aristophanes den Sokrates des Xenophon nach entgegengesetzten Richtungen ausbildeten, jener zum Ideal, dieser zur Karrikatur, dass somit Xenophon die Mitte der Richtung hält, deren Extreme Plato und Aristophanes bezeichnen. —

---

72) Wir haben der Kürze wegen uns dieses und ähnlicher Ausdrücke im Obigen öfter bedient, ohne zu befürchten, dass das aus dem Zusammenhange sich ergebende richtige Verständniss derselben durch fälschliche Beziehung auf die Parteistellungen der Gegenwart getrübt werde.

Nachrichten

über

das Pädagogium des Klosters U. L. Fr. in Magdeburg

aus dem Schuljahre von Ostern 1864 bis Ostern 1865.

I.

Verordnungen und Rescripte der Königlichen vorgesetzten Behörden; der Konvent des Klosters, Lehrer-Wechsel; Lehrverfassung und Uebersicht über die behandelten Lehrabschnitte.

I.

Verordnungen und Rescripte.

A. Allgemeine.

1. Circularverfügung des Königl. Prov.-Schulcollegiums vom 28. April 1864, No. 1294., praes. d. 5. Mai. Der vorgesetzte Herr Minister von Mühler verlangt über das von den Candidaten des höheren Schulamts an den Gymnasien und Realschulen erster Ordnung der Prov. Sachsen abgehaltene Probejahr eine den Zeitraum von Ostern 1862 bis Ostern 1864 umfassende Uebersicht. Eine solche Uebersicht sei von den Directoren der bezeichneten höheren Schulanstalten binnen acht Tagen einzureichen, oder die Anzeige, daß während dieser Zeit die Abhaltung eines Probejahres nicht stattgefunden hat.

2. Circularverf. des Herrn Ministers der geistlichen-, Unterrichts- und Medicinal-Angelegenheiten in Berlin vom 16. Mai 1864. No. 8779, überwiesen durch Circulare des Königl. Prov.-Schulc. vom 23. Mai deff. J. No. 1624. S. verordnet, da die der Mechanik sich widmenden jungen Leute, welche auf einem Gymnasium oder auf einer Realschule ihre Ausbildung erhalten haben, namentlich in dem Königl. Gewerbeinstitut in Berlin im Zeichnen sich oft nicht hinlänglich fertig gezeigt haben, daß die Directoren dieser höheren Schulanstalten solche Schüler, welche später in das Gewerbeinstitut übergehen wollen, anhalten, bis zum Abgange von der

4

Schule eifrig den Unterricht im Zeichnen zu benutzen, und daß jeder Director den Lehrer im Zeichnen veranlasse, diese Schüler im freien Hand- und Linear-Zeichnen recht zu fördern und ihrer sich besonders anzunehmen.

3. Circularverf. des Königl. Prov.-Schulc. vom 28. Mai 1864, praes. b. 4. Juni deff. J., bestimmt, daß aus den Schülerbibliotheken das Buch: „Blücher und seine Zeit" zurückgezogen werde, wo es angekauft sei, weil es sich für Schüler wegen seines Inhalts und wegen seiner Tendenz nicht eigene.

4. Circularverfüg. des Ministers der geistl.-, Unterrichts- und Medicinal-Angelegenheiten Herrn von Mühler an sämmtliche Präsidien der Königl. Provinzial-Schulcollegien vom 4. Februar 1864, mitgetheilt durch Circulare vom 10. Juni ej. No. 1837 zur Nachachtung an alle Gymnasial- und Seminar-Directoren der Provinz, praes. b. 15. Juni, ist folgendes Inhalts: „Das Königl. Staatsministerium hat beschlossen, daß sämmtliche Königl. Behörden fortan „ihre amtlichen Bekanntmachungen, soweit nicht besondere gesetzliche Vorschriften oder ministe-„rielle Anordnungen etwas Anderes bedingen, in der periodischen Presse nur allein durch den „Preußischen Staatsanzeiger, die Regierungsamtsblätter und die amtlichen Kreis-„blätter, oder die deren Stelle vertretenden, zu kreisamtlichen Bekanntmachungen „bestimmten Anzeigeblätter zu veröffentlichen haben. Die Wahl ist von der Bedeutung des Ge-„genstandes und von der Bestimmung für einen weiteren oder engeren Kreis abhängig."

5. Circularverfüg. des Königl. Ministers Herrn von Mühler vom 20. Juni 1864. No. 12,832. an die Königl. Prov.-Schulcollegien, durch welche die Circularverfügung vom 28. April 1857. No. 9379, besonders auch wegen des auf einigen Anstalten zu häufigen Wechsels in den Schulbüchern, ergänzt wird, wie folgt:

    a) Die Anträge auf Einführung neuer Schulbücher sind vor Beginn des Schuljahres zusammen für Anstalten gleicher Art in einem und demselben Berichte einzureichen.
    b) Es ist anzugeben, wie lange das bisher benutzte Buch in Gebrauch war und aus welchen Gründen die Abschaffung gewünscht wird.
    c) Ebenso sind die Vorzüge des neuen Buches darzustellen.
    d) Desgleichen ist der Preis des bisher gebrauchten sowie des neuen Buches anzugeben.

Abschriftlich überwiesen ward diese Verfügung von dem hiesigen Königl. Prov.-Schulc. unter dem 24. Juni ej. No. 1944. S. zur Nachachtung und mit der Aufforderung, die Anträge auf Einführung neuer Schulbücher an Hochdaselbe 3 Monate vor Ablauf des Schuljahres einzureichen.

6. Bekanntmachung des Königl. Ministers der geistl.-, Unterrichts- und Medicinal-Angelegenheiten Herrn von Mühler Exc. vom 22. Juni 1864 über den Beginn des neuen sechsmonatlichen Cursus für Civil-Eleven an der Königl. Central-Turnanstalt mit dem 1. October deff. J. Dazu werden folgende Bestimmungen gegeben: Außer solchen Lehrern, welche Turnlehrer an Gymnasien, Real- und höheren Bürgerschulen, sowie an Schullehrer-Seminarien werden sollen, können auch solche Elementarlehrer zugelassen werden, welche dazu geeignet sind, für die Ausbreitung des Turnens in weiteren Kreisen thätig zu sein. Der Unterricht in der Anstalt ist unentgeltlich, auch kann dazu in geeigneten Fällen einzelnen Eleven eine Unterstützung gewährt werden. Die Anmeldungen bei den Königl. Prov.-Schulcollegien, bezüglich

Regierungen, müssen vor dem 1. August erfolgen und ist denselben ein ärztliches Zeugniß beizufügen, daß der Körperzustand und die Gesundheitsbeschaffenheit des Bewerbers die Ausbildung im Turnen gestattet.

Unter dem 22. Juni ej. No. 9916. verfügt der Herr Minister noch Folgendes mit Bezugnahme auf die Verfüg. vom 19. Mai 1863. No. 9722., daß die Königl. Prov.=Schulcollegien sowol für die Schullehrerseminarien als auch für die Gymnasien und Realschulen nicht blos Meldungen abwarten, sondern auch ex officio dafür sorgen, daß sobald wie möglich jede dieser Anstalten in den Besitz eines qualificirten Turnlehrers gelangt. Der Turnunterricht darf in diesen Anstalten künftig von einem noch zu bestimmenden Termine ab nur solchen Turnlehrern anvertraut werden, welche in der Centralturnanstalt ausgebildet sind. Die Directoren werden in der Ueberweisungsverfüg. unter dem 25. Juni deſſ. J. No. 1963. S., praes. b. 30. Juni, zur Anzeige angewiesen, ob der Turnunterricht bei ihrer Anstalt von einem in der Königl. Centralturnanstalt ausgebildeten Lehrer ertheilt wird. Sofern dies nicht der Fall sein sollte, haben sie für den Unterricht in der Centralturnanstalt einen geeigneten Lehrer vorzuschlagen, das erwähnte ärztliche Attest beizulegen und die nöthigen Bemerkungen wegen Beschaffung der erforderlichen Kosten, welche bei den Gymnasien und Realschulen auf die Schulkassen übernommen werden müssen, spätestens bis zum 8. August einzureichen.

7. Abschriftliche Mittheilung des Beschlusses des Königl. Staats=Ministeriums vom 22. August 1864 in Betreff der Dienstwohnungen von Seiten des Königl. Prov.=Schulcollegiums unter dem 30. September ej., praes. b. 10. October. — Die Uebergabe der Dienstwohnungen sowie deren Uebernahme im Fall der Erledigung ist allemal durch einen dazu ernannten Commissarius zu bewirken. Bei der Uebergabe ist eine Verhandlung aufzunehmen, welche eine genaue Beschreibung der einzelnen Räume und Gegenstände und das Anerkenntniß des Uebernehmenden enthält, daß er verpflichtet sei, bei bereinstiger Zurückgabe der Dienstwohnung dieselbe in gutem, bewohnbarem Zustande (§. 1 des Regulat. vom 18. Oct. 1822) abzuliefern, eventuell, daß er sich die Herstellung dieses Zustandes auf seine Kosten gefallen lasse. 2. Finden sich Mängel, so müssen dieselben sogleich festgestellt werden, um nach Befinden den abziehenden Beamten oder dessen Erben zur Herstellung oder zum Kostenersatz anhalten zu können. Bei Verschiedenheit der Meinungen ist ein Königl. Baumeister zur Abgabe seines Gutachtens zuzuziehen. Ueber das Abnahmegeschäft ist eine Verhandlung aufzunehmen, welche zugleich die eben stattfindende anderweitige Uebergabe der Dienstwohnung umfassen kann und von sämmtlichen Beamten und sonstigen Betheiligten, welche an dem Abnahme- beziehungsweise Uebergabegeschäft Theil genommen haben, zu unterschreiben ist. — Das Königl. Provinzial-Schulcollegium weist zugleich hin auf die Circularverfügung vom 29. März 1855. No. 953.

8. Circularerlaß des Königl. Prov.=Schulc. hier vom 8. October 1864. No. 2963 S. empfiehlt für die Schulbibliotheken die Beschaffung der vom Geh. Oberregierungsrath Dr. Wiese zu Berlin, im Auftrage des Herrn Ministers der geistlichen=, Unterrichts= und Medicinal-Angelegenheiten herausgegebenen „Historisch=statistischen Darstellung des höheren Schulwesens in Preußen", bei Wiegand und Grieben in Berlin, welche den Anfang periodischer Veröffentlichungen derartiger Darstellungen bildet.

9. Circularerlaß der hiesigen Königl. Regierung, Abtheilung des Innern, vom 13. October 1864, I. E. 1786, gez. Böhm, giebt eine Mittheilung über das Königl. Gewerbe-

Institut zu Berlin in Betreff des durch Rescript des Herrn Ministers für Handel, Gewerbe und öffentliche Arbeiten vom 21. Sept. ej. an giltigen Honorars von ⅔ Thaler, welches für jede wöchentliche Unterrichtsstunde auf jedes Halbjahr zu zahlen ist, und in Betreff der nöthig befundenen Abänderungen der §§. 8 u. 9 des letzten Regulativs für die Organisation des Königl. Gewerbe-Instituts.

10. Circularverfüg. des Königl. Prov.=Schulc. vom 1. November 1864. No. 3232. S., praes. den 10. November, ordnet an, daß, auf Befehl des Königl. Herrn Ministers der geistlichen=, Unterrichts= und Medicinal=Angelegenheiten, alljährlich regelmäßige Berichte zu Ostern und Michaelis von den Directoren auch über diejenigen Schulamts=Candidaten eingereicht werden sollen, welche noch vor der Prüfung über ihre Lehrbefähigung an einem Gymnasium oder an einer Realschule (bez. erster Ordnung) beschäftigt werden.

Zunächst soll jetzt über die zu Michaelis b. J. eingetretenen Candidaten berichtet werden, und es wird auf die in der Circularverfügung vom 28. April b. J. angegebenen Erfordernisse verwiesen. Bei den noch nicht geprüften Candidaten ist die Verfügung aufzuführen, durch welche deren Beschäftigung genehmigt worden ist, bei den Geprüften, von welcher Prüfungs=Commission die Prüfung geschehen und an welchem Tage das Zeugniß ausgestellt ist.

11. Circularverfüg. des Königl. Prov.=Schulc. vom 7. November 1864. No. 2934, praes. den 15. November, bestimmt, daß zum Behuf der vom Herrn Minister angeordneten Vervollständigung der von den Königl. Regierungen einzureichenden statistischen Nachweisungen über das Schulwesen die Directoren bis zum 31. December deff. J. die Zahl der Schüler, zugleich auch der in den Vorclassen, welche das vierzehnte Lebensjahr noch nicht erreicht haben, nach den vier Rubriken der Confessionen: evangelische, katholische, jüdische und Dissibenten geordnet, dargestellt werden soll.

12. Circularverfüg. des Königl. Prov.=Schulc. vom 8. December 1864. No. 3696, praes. den 17. December, verordnet, daß Lehrer, welche im Nothfalle zu zeitweiser Aushilfe gegen monatlich in Nachzahlung gewährte Remuneration angenommen werden, protocollarisch zu verpflichten sind, nicht auf monatliche, sondern auf vierteljährliche Kündigung und mit der Maßgabe, daß ein solcher Lehrer ohne Zustimmung der annehmenden Behörde, nur mit dem Semesterschlusse sein Verhältniß aufgeben darf, — weil sonst leicht üble Verlegenheiten und Nachtheile für die betreffende Lehranstalt entstehen können.

13. Circularverfüg. des Königl. Prov.=Schulc. vom 22. December 1864. No. 3758, praes. den 3. Januar 1865, theilt eine Aufforderung des Herrn Ministers von Mühler Exc. vom 14. December 1864 No. 21,099 mit, nach Anhörung der betreffenden Directoren sich gutachtlich zu äußern, ob die für die Provinz Preußen gewünschte und dann genehmigte Abänderung der bestehenden Ferienordnung, so daß Sommerferien und Herbstferien in 5¼ Wochen zusammengelegt mit dem 15. August beginnen und das Sommerhalbjahr schon mit diesem Tage abschließen sollen, auch für die Provinz Sachsen wünschenswerth sei. Es werden in Folge jener Aufforderung die Directoren der Gymnasien und Realschulen erster Ordnung veranlaßt, ihr Gutachten über diese Angelegenheit bald einzureichen. [Von Seiten des Klosters U. L. Fr., und wahrscheinlich von allen Directoren, ist, nach dem alten Herkommen in der Provinz Sachsen, an das auch die Eltern der Schüler gewöhnt sind, die Aenderung als nicht wünschenswerth dargestellt worden.]

B. Besondere, an das Kloster U. L. Fr. ergangene Verfügungen und Rescripte.

1a. Rescript vom 5. April 1864, praes. den 8. April, No. 1054, überweist zum Eintritt in den Candidaten-Convict den Candidaten der Theologie Gottfried Hermann Kloppe aus Weißenfels.

1b. Rescript vom 5. April 1842, No. 1052, praes. den 9. April, überweist zum Eintritt in den Candidaten-Convict den Candidaten der Theologie Karl Friedrich Julius Hermann Strauß aus Bernstadt a. b. Weida in Schlesien (Kreis Oels).

2. Rescript vom 8. April 1864, praes. den 11. April, No. 1063, genehmigt den unter dem 4. April eingereichten Lectionsplan unter Forderung von ein paar Aenderungen der Stundenvertheilung in der Religionslehre. Diese Aenderungen sind getroffen worden.

3. Verfügung des Königl. Prov.-Schulcolleg. vom 4. April 1864, No. 1029, praes. den 6. April, theilt ein Rescript des Königl. vorgesetzten Ministeriums vom 2. April mit, des Inhalts, daß des Königs Majestät das Gehalt von jährlich 600 Thlrn. zur Errichtung einer neuen ordentlichen Lehrerstelle über den Stellen der Alumnatsinspectoren aus den Mitteln des Klosters U. L. Fr. genehmigt habe. Das Königl. Prov.-Schulc. verordnet gleichzeitig und in Folge jener Allerhöchsten Genehmigung, daß in die neugestiftete Lehrerstelle College Dr. Gerland einrückt, der College Dr. Bertram in die erste Inspectorstelle, College Dr. Göbel in die zweite, College Dr. Rathmann in die dritte, und College Treplin in die vierte Inspectorstelle übergeht, die ordentliche Lehrerstelle des Coll. Treplin aber der bisherige Hilfslehrer an der Klosterschule zu Roßleben, Dr. Boysen, erhalte.

4. Durch Rescript des vorgesetzten Herrn Ministers von Mühler Exc. v. 27. April 1864, No. 8745. U, ist, auf Bericht des Königl. Prov.-Schulc., die Anstellung des Dr. Boysen, bisher. Hilfslehrers zu Roßleben, als letzten ordentlichen Lehrers am Kloster U. L. Fr. genehmigt. Bei abschriftlicher Mittheilung des Rescriptes beauftragt das Königl. Prov.-Schulcollegium den Propst D. Müller, denselben zu vereidigen, dabei die übersendete Bestallung ihm einzuhändigen und die Verhandlung binnen 14 Tagen einzureichen.

Die Vereidigung fand am 10. Mai 1864, in Gegenwart zweier Collegen als Zeugen, statt. Die Verhandlung darüber ward unmittelbar darauf eingesendet.

5. Rescript des Königl. Prov.-Schulc. vom 6. April 1864, No. 1005, ordnet die einstweilige Benutzung des evangelischen Predigtamts-Candidaten Albrecht Rudolph Müller zunächst für das Sommerhalbjahr 1864, während welches sich wol ein für das Gymnasiallehreramt geprüfter Candidat finden werde, der dann zu präsentiren sei.

6. Verf. des Königl. Prov.-Schulc. vom 23. Mai 1865, praes. den 30. Mai, überweist der Bibliothek des Klosters U. L. Fr. ein Exemplar der Reden, welche bei Eröffnung des neuen Gymnasiums zu Burg am 11. April 1864 gehalten worden sind.

7. Das Königl. Prov. Schulc. theilt unter dem 2. August 1864, praes. den 3. August, ein Schreiben vom 2. August 1864, No. 2233. S. mit, in welchem der Königl. General-Superintendent Herr D. Lehnerdt ersucht wird, in Vertretung des beurlaubten Prov.-Schulrathes Dr. Heiland die zum Michaelistermine b. J. stattfindende Abgangsprüfung zu leiten, und wegen der mündlichen Prüfung den Tag mit dem Propste zu besprechen.

8ª. Rescript des Königl. Prov.=Schulc. vom 19. August 1864. No. 2481., praes. den 22. August, bestimmt den Anfang der Herbstferien auf den Mittag des 26. September anstatt des 28. September, den Anfang der Lehrstunden auf den Morgen des 13. October.

8ᵇ. Rescript des Königl. Prov.=Schulc. vom 2. December 1864, No. 3580. S. giebt auf den Bericht vom 28. November ej. eine nähere Bestimmung der Weihnachtsferien, unter Abänderung des Wortlautes. Es sollen, wenn am 22. December geschlossen werde, die Lehrstunden mit dem 6. Januar anfangen, wenn am 21. December, schon am 5. Januar.

9. Rescript des Königl. Herrn Ministers von Mühler Exc. vom 6. September 1864, No. 13,853., mitgetheilt von dem Königl. hiesigen Prov.=Schulcollegium unter dem 12. September, No. 2711. genehmigt die von dem geistlichen Inspector Dr. Scheele erbetene Pensionirung desselben vom 1. October beff. J.; eine Allerhöchste Cabinetsordre vom 9. September durch Verfügung des Königl. Herrn Ministers vom 21. September, und durch Verfügung des Königl. Prov.=Schulcollegiums vom 23. September mitgetheilt, genehmigt noch eine jährliche Unterstützung, vorläufig auf 2 Jahre.

10. Rescript des Königl. Prov.=Schulc. vom 19. September 1864, No. 2764. S. verlängert die Aushilfe durch den evangelischen Predigtamts=Candidaten Müller (s. oben 5.), besonders wegen Fortführung des Religionsunterrichts, auf das Winterhalbjahr 1864/5.

11. Rescript des Königl. Prov.=Schulc. vom 22. September 1864, ordnet die einstweilige und vertretungsweise Beschäftigung am Kloster U. L. Fr. des Gymnasialamtscandidaten Wilhelm Otto Jsensee an (in der zweiten Hilfslehrerstelle). Wegen der damals noch nicht erfolgten mündlichen Prüfung, nachdem die schriftlichen Prüfungsarbeiten schon im August 1864 bei der Königlichen wissenschaftlichen Prüfungs=Commission zu Berlin eingereicht worden waren, ward durch Rescr. vom 14. November 1864 auch von Seiten des Königl. Herrn Ministers von Mühler Excellenz diese Beschäftigung genehmigt.

II.

Konvent und Lehrercollegium; Candidaten-Convict.

Es sind wieder, wie im vorigen Jahrb. S. 6 ff. dergleichen aufzuführen waren, viele Veränderungen zu berichten. Ein Konventual und Lehrer trat, auf sein Verlangen, in den Ruhestand, andere, jüngere Lehrer gingen an andere Lehranstalten über.

1. In den Ruhestand trat, auf seinen dringlichen Antrag zu Anfange des Sommerhalbjahrs 1864 eingereicht, der geistliche Inspector und Vorsteher des Candidaten=Convicts Professor Dr. Scheele mit dem ersten October, — nachdem er mit Beginn der Sommerferien vom 6. Juli an und darauf bis Ende Septembers wegen seiner so sehr leidenden Gesundheit Urlaub erhalten hatte (s. oben unter I. 6. 9). Er war, vor seinem jetzigen Amte am Kloster U. L. Fr. zuletzt Pastor zu Halle (in Glaucha) und war im Jahre 1856 an das Kloster berufen worden, so daß er vom 1. Juli jenes Jahres das Gehalt bezog und jenen Monat und die folgenden 2 Monate seinen Studien und seiner Erholung widmete, mit dem October aber sein Amt antrat, eingeführt am 1. October (s. Jahrb. 1857, Nachrichten pag. 7--12), welches er fast ein und ein halbes Jahr wohl und gesund versah.

Mit dem October 1857 ward der Candidaten-Convict eröffnet, den er in der Unterweisung damals allein zu beschäftigen und in den Studien zu leiten hatte, bis später einer der oberen Lehrer für die beiden altclassischen Sprachen als Genosse angestellt, seine Thätigkeit theilte. Zuerst fing Professor Scheele an zu leiden in der Zeit vom 20. Februar 1858 an bis 10. März, wo er seine amtliche Thätigkeit aussetzen mußte. Später steigerte sich sein körperliches Uebel immer mehr und hielt längere Zeiträume an, in denen er seiner amtlichen Thätigkeit entzogen wurde. Die sorgfältigste ärztliche Behandlung und der gewissenhafte Gebrauch mehrfacher Badeanstalten, namentlich in der Sommerzeit jedes Jahres, konnte das zunehmende und in wechselnden Formen hervortretende Uebel nicht beseitigen, so daß Professor Scheele, trotz aller Sehnsucht, seine gesegnete Amtsthätigkeit fortzusetzen, indem dieß ihm jedoch unmöglich gemacht wurde, von seinem Amt sich zurückzuziehen sich genöthigt sah. — Möge es ihm der Herr, an den er zuversichtlich glaubt, in Gnaden gewähren, bei ruhiger, unbehinderter Gesundheitspflege die frühere Rüstigkeit und Frische wieder zu erlangen, um von Neuem ein geistliches Amt übernehmen zu können, dem sich wieder völlig widmen zu können sein höchster Herzenswunsch ist.

2. An ein Gymnasium zu Breslau ging gegen Ende des März 1864 der erste wissenschaftliche Hilfslehrer Karl Schmidt von hier, nachdem er zwei Jahre lang am Kloster thätig gewesen war.

3. Gleichzeitig schied aus der Dr. Gustav Lange aus Blankenburg, welcher erst im October 1863 in die letzte wissenschaftliche Hilfslehrerstelle stellvertretend eingetreten war, und versprochen hatte, die Oberlehrerprüfung noch vor Ostern 1864 zu bestehen. Er ging, nach einer nur 3 Wochen vorher ausgesprochenen Kündigung, an die Ritterakademie in Brandenburg.

4. Gegen Ende des September 1864 schied aus der erst am 7. April dess. J. in die unterste wissenschaftliche Hilfslehrerstelle als Probecandidat eingetretene Dr. Gustav Karbaum aus Naumburg a. S., um an dem Gymnasium zu Ratibor Anstellung zu erhalten.

Die Lehrstunden des Prof. Scheele in dem Religionsunterrichte mit Cl. II. A. u. B. hatte schon vorher und auch seit Ostern 1864 der ordentliche Lehrer und Predigtamtscandidat Dr. Rathmann übernommen; in Cl. I. A., Cl. I. B. übernahm den Religionsunterricht, nachdem er denselben auch schon vorher in beiden Abtheilungen der Prima vom 14. April 1863 bis zu Ende jenes Jahres gehalten hatte, der ordentliche Lehrer und Predigtamtscandidat College Treplin, und hat ihn, wie ebenfalls Dr. Rathmann in Secunda, bis jetzt zu Ostern 1865 fortgesetzt.

Von Ostern 1864 an leistete stellvertretend in der ersten wissenschaftlichen Hilfslehrerstelle Aushilfe, besonders auch im Religionsunterricht, der Predigtamts-Candidat Rudolph Müller (s. oben I. B. No. 5. u. 10.); in der anderen Hilfslehrerstelle war der erwähnte Probecandidat Dr. Gustav Karbaum thätig; — als derselbe aber schon wieder zu Michaelis 1864 ausschied, trat an seine Stelle der Gymnasialamtscandidat Wilhelm Otto Isensee von hier (s. oben I. B. No. 11).

Uebrigens wird jetzt mit Ende des Schuljahres der College und ordentliche Lehrer Dr. Rathmann, nachdem er am Kloster seit Ostern 1862 thätig gewesen ist, vom Kloster U. L. Fr. in das evangelische Diakonat zu Heiligenstadt übergehen.

Um einen Lehrer hat sich das Lehrercollegium des Klosters zu Ostern 1864 durch die Errichtung einer neuen Lehrerstelle (über den Inspektorenstellen im Alumnate) vermehrt (s. oben I. B. No. 3.), so daß der wissenschaftliche Hilfslehrer im Kloster Roßleben, Dr. Johannes Wilhelm

Boysen aus Holstein in die letzte ordentliche Lehrerstelle berufen werden konnte, und als Ordinarius der Unter-Quinta eintrat. Er ward am 11. April 1864 eingeführt und am 10. Mai 1864 vereidigt.

Kurzer Lebenslauf des ordentlichen Lehrers Dr. Boysen.

Ich, Johannes Wilhelm Boysen, bin geboren den 24. Januar 1834 zu Neuenkirchen im Dittmarschen, des Herzogthums Holstein, wo mein Vater Prediger war. Zu Michaelis 1854 bestand ich die Abgangsprüfung auf der Gelehrtenschule zu Meldorf, bezog die Universität Kiel und widmete mich während der Zeit von 5 Jahren zuerst dort und dann in Berlin, besonders unter den Professoren Forchhammer, Curtius, Müllenhoff, Dillmann, Nitzsch in Kiel, Trendelenburg, Haupt, Böckh und Weber zu Berlin, den historisch-philologischen Studien, indem ich auch auf beiden Universitäten ordentliches Mitglied des philologischen Seminars war. Im Winter 1859—60 bestand ich vor der wissenschaftlichen Prüfungscommission in Kiel die Amtsprüfung, und erwarb mir die Ernennung zum Doctor der Philosophie. Von Ostern 1860 bis dahin 1862 war ich Hauslehrer beim Herrn Grafen von Schwerin, Königl. Kammerherrn auf Schwerinsburg. Von da wurde ich als Hilfslehrer an die Klosterschule Roßleben und von da Ostern 1864 an das Kloster U. L. Fr. zu Magdeburg als ordentlicher Lehrer berufen, ward am 11. April jenes Jahres öffentlich eingeführt, und leistete sodann auch am 10. Mai den Amtseid.

Lebensskizze des Gymnasialamts-Candidaten und provisorischen wissenschaftlichen Hilfslehrers Isensee, von ihm selbst gegeben.

Ich, Julius Wilhelm Otto Isensee, geboren am 17. Januar 1840 hier zu Magdeburg, erhielt meine wissenschaftliche Schulbildung auf dem hiesigen Domgymnasium, in das ich zu Michaelis 1854 eintrat und das ich Michaelis 1860 mit dem Zeugnisse der Reife verließ. Auf den Universitäten Halle und Berlin widmete ich mich dem Studium der Philologie bis Ostern 1864, in welcher Zeit ich auch der Pflicht des einjährigen Militärdienstes genügte, und verwandte den Sommer 1864 zur Ausführung schriftlicher Prüfungs-Arbeiten und zur weiteren Vorbereitung auf die Prüfung de facultate docendi. Zu Michaelis 1864 trat ich bei dem Pädagogium des Klosters U. L. Fr. provisorisch als wissenschaftlicher Hilfslehrer und zur Ableistung des Probejahres ein. Die Einführung erfolgte am 15. October 1864. Am 23 u. 24. Januar b. J. unterzog ich mich der mündlichen Prüfung vor der Königl. wissenschaftl. Prüfungs-Commission in Berlin.

Das Lehrercollegium besteht heute am 3. März 1865 aus folgenden Amtsgenossen.

1) Propst und Director D. theol. Müller, Vorsitzender des Konventes und der Kircheninspection, auch alleiniger Vorstand des Alumnats nach der Bestimmung Höheres Orts, Ordinarius von Cl. I. A.; — 2) die Stelle des geistlichen Inspectors ist noch nicht wieder besetzt*); 3) Professor Dr. Graser, erster Oberlehrer und Prorector, Konventual und Ordinarius von Cl. I. A. — 4) Professor Dr. Hasse, zweiter Oberlehrer, Konventual, Vorsteher

---

*) Im Konvente folgt hier der Procurator des Klosters U. L. Fr. Herr Hesselbarth, welcher die Verwaltung des klösterlichen Vermögens führt und Mitglied der Kircheninspection ist.

der Alumnenspeisung, Ordinarius von Cl. III.; 5) Dritter Oberlehrer Professor Michaelis, Konventual; 6) Vierter Oberlehrer und College Dr. Feldhügel, Bibliothekar der Schul=lesebibliothek; 7) fünfter Oberlehrer und College Dr. Götze, Ordinarius von Cl. II. A. und Bibliothekar der größeren Klosterbibliothek; 8) sechster Oberlehrer und College Dr. Leitzmann, erster Lehrer der Mathematik; 9) der erste ordentliche Lehrer Dr. Ortmann, Ordinarius von Cl. II. B.; 10) der zweite ordentliche Lehrer College Banse; 11) der dritte ordentliche Lehrer und College Ottomar Müller, zweiter Lehrer der Mathematik; 12) der vierte ordent=liche Lehrer und College Dr. Gloël; 13) der fünfte ordentliche Lehrer Dr. Gerland, Ordinarius von Cl. III. B.; 14) der sechste ordentliche Lehrer und erster Alumnatsinspector Dr. Wertram, Ordinarius von Cl. IV. A.; 15) der siebente ordentliche Lehrer und zweite Alumneninspector, auch Lehrer im Candidaten=Convict, Dr. Göbel; 16) der achte ordentliche Lehrer und dritte Alumneninspector, evangelischer Predigtamts=Candidat Dr. Rathmann, Ordinarius der Cl. IV. B; 17) der neunte ordentliche Lehrer und vierte Alumneninspector, evangelischer Predigtamtscandidat, College Treplin, Ordinarius von Cl. V. A.; 18) der zehnte ordentliche Lehrer, Ordinarius von Cl. V. B. College Dr. Bonsen; 19) der Sprachlehrer College Leue, Lehrer für die französische Sprache in den obersten Abtheilungen; 20) der evangelische Predigtamts=candidat Rudolph Müller, stellvertretend, als Ordinarius der Cl. VI. A. und Religionslehrer thätig, — für den ersten wissenschaftlichen Hilfslehrer; 21) stellvertretend für den zweiten wissenschaft=lichen Hilfslehrer der Gymnasialamts=Candidat Isensee, Ordinarius der Cl. VI. B.; 22) der College Hahn, Ordinarius der Vorclasse (Cl. VII.); 23) der Turn= und Elementar=Lehrer College Friedemann; 24) der Lehrer im Gesange Musikdirector Ehrlich; 25) der Lehrer im Zeichnen, stellvertretend, Maler Voiges.

III.

Der Candidaten-Convict des Pädagogiums zum Kloster U. L. F.

(S. das Jahrb. 1864, Nachrichten S. 11).

Jetzt gehören zu dem Convicte bloß 3 Candidaten der Theologie, bezüglich des evangelischen Predigtamts, weil wegen des Umbaues von dem Klosterhause Nr. 4. der Regierungsstraße, in dessen Erdgeschosse (Parterre) deren Wohnstuben und Schlafkammern sich Theile waren- und künftig ganz sein sollen, — nur um einen hohen Preis und mit Schwierigkeit schon für die halbe Zahl und ihren Aufwärter Wohnung nicht sehr weit vom Kloster U. L. Fr. miethweise, bis zu Ende des Septembers in diesem Jahre (1865), zu beschaffen war. Es sind folgende: 1) Der Candidat der Theologie Wilhelm Heinzelmann aus Kloster Neuendorf; 2) der Candidat der Theologie Gottfried Hermann Kloppe aus Weißenfels; 3) der Candidat des evangelischen Predigtamts Karl Strauß aus Bernstadt an der Weida im Kreise Oels des Regierungsbezirks Breslau. (Er bestand die zweite theologische Prüfung vor dem Königl. Konsistorium zu Magdeburg kurz vor Weihnachten 1864).

IV.

Uebersicht der Lehrabschnitte,

welche von Ostern 1864 bis Ostern 1865 behandelt, und der Theile in Schriftwerken, welche öffentlich gelesen und erklärt worden sind*).

Religionsunterricht. Der im Jahrbuche von 1846 abgedruckte Lehrplan ward im November 1856 neu besprochen und festgestellt und, nach Genehmigung von dem Königl. Provinzial=Schul=Collegium, durchgeführt. Die Sprüche bei jedem Hauptstücke der christlichen Lehre sind für jede Bildungsstufe in mäßiger Zahl bestimmt, nach dem Barlebener Spruchbuche: „Dr. Martin Luthers „kleiner Katechismus mit biblischen Sprüchen, geschichtlichen und Lehrabschnitten der heiligen Schrift „und Gesängen. 5. Aufl. Heinrichshofen'sche Buchhandlung, 1853" — und ebenso einige gebiegene evangelische Kirchenlieder, und wurden nach geschehener Wort=Erklärung eingelernt. In der Vorclasse, in Cl. IV. B. und A. und in V. B. und A. wurden Zahns biblische Historien gebraucht. Dabei wurden zur anschaulichen Auffassung der biblischen Oertlichkeiten Möllers Wand= karte, Bilder aus dem heiligen Lande und eine Reliefdarstellung Jerusalems und der nächsten Umgebung von Altmüller, Cassel bei Fischer, benutzt; in Cl. IV. und Cl. III. der Luthersche Katechismus und die Bibel, in Cl. II. und I. das Lehrbuch der Religion für obere Classen ꝛc. von Petri in Hannover, 1850, sowie das griechische Neue Testament von Tischendorf und zwar die Editio academica ex triglottis in 12.

Der Lehrgang war in der Vorclasse jährig im Ganzen, die Hauptsachen wurden aber in jedem Halbjahre gelehrt und eingeübt; in jeder Abtheilung der Cl. VI., V. und IV. war der Lehrgang halbjährig; in Cl. III. B. jährig, desgl. in Cl. III. A.; in Cl. II. B. jährig**), desgl. in Cl. II. A. und in Cl. I. B. und Cl. I. A. einjährig.

Vorclasse. Lehrer im Sommer= und Winterhalbjahre College und Ordinarius Hahn, in wöchentlich sechs halben Stunden und einer ganzen, so daß von der ersten vormittäglichen Lection an jedem Schultage die erste Hälfte der Religionslehre, die zweite der deutschen Sprache gewidmet wurde, die volle Lehrstunde dem Religionsunterrichte allein. Die biblische Geschichte des alten Testaments bis auf Eli und Samuel, nach Zahn's Büchlein in §§. 1—42, ward in einer für das Kindesalter erwecklichen Weise durchgenommen, vom Lehrer erzählt und von den Schülern wiedererzählt. Die zehn Gebote wurden nach vorausgegangener Worterklärung, bei welcher auch, so weit es angemessen schien, in den Inhalt eingegangen wurde, — mit der Lutherschen Auslegung beim Unterrichte selbst eingelernt, daneben zwanzig zu denselben passend gewählte kürzere Bibelsprüche (aus dem oben aufgeführten Spruchbuche) und nach und nach die einzelnen Verse von 5 evangelischen gediegenen Kirchenliedern.

---
*) An die Stelle der Untersecta war zu Ostern 1860 die Vorclasse mit 26 wöchentlichen Lehrstunden getreten. Die Vorclasse besteht aber von Ostern 1862 als Vorbereitungsclasse fort, mit 24 wöchentlichen Lehrstunden ohne Lateinisch. S. Jahrb. 1862 unter I. 1. B. S. 6. Nr. 13 b. Die Untersecta ist nämlich wieder nöthig geworden und ward Ostern 1862 wieder eröffnet. Zu Ostern 1864 wurde auch Cl. I. B. ganz gesondert von Cl. I. A. unterrichtet.

**) So von Ostern 1860 an.

VI. B. Lehrer im Sommer bis zum 6. Juli College Treplin, nach den Sommerferien und im Winterhalbjahre der Convict=Candidat Kloppe, weil College Treplin den Religions=unterricht in Cl. I. A. und B. übernehmen mußte, in wöchentlich 3 Stunden. Die biblische Geschichte des alten Testaments bis auf Eli und Samuel (nach Zahn §§. 1—42) wurde durchgenommen, mit denjenigen Schülern, welche aus der Vorclasse versetzt waren, nochmals wiederholt, und dem Inhalte nach getreu von den Schülern nacherzählt. Die zehn Gebote mit der lutherischen Erklärung wurden kurz erklärt, dann nach und nach mit zwanzig zu denselben passend gewählten Bibelsprüchen (aus dem Barlebenschen Spruchbuche) gelernt; ebenso wurden 5 evangelische Kirchenlieder in einzelnen Versen nach vorausgegangener Wort=Erklärung nach und nach eingelernt.

VI. A. Lehrer im ganzen Schuljahre der evangelische Predigtamts=Candidat Müller in wöchentlich 3 Stunden. Nach einem wiederholenden Ueberblick über die erste Hälfte der alttestamentlichen Geschichte wurde die zweite Hälfte, bei Zahn §§. 43—86 durchgenommen und dem Inhalte nach getreu von den Schülern nacherzählt. Daneben wurden das erste Hauptstück und früher gelernte Bibelsprüche häufig wiederholt, neu gelernt das zweite Hauptstück, eine mäßige Zahl von Bibelsprüchen aus dem Barlebener Spruchbuche und dazu, nach voraus gegangener Erklärung, 5 neu hinzukommende evangelische Kirchenlieder nach einzelnen Versen, allmählich ganz.

V. B. Lehrer im Sommer= und Winter=Halbjahre der evangelische Predigtamts=Candidat Müller, in wöchentlich 3 Stunden. Nach einer kurzen Wiederholung des Lehrstücks von Cl. VI. B. und A. (biblische Geschichte des alten Testaments) wurde die biblische Geschichte des neuen Testaments bis zur letzten Reise des Herrn nach Jerusalem durchgenommen, bei Zahn §§. 1—42, und von den Schülern dem Inhalte nach treu wiedererzählt. Daneben Wiederholung des 1. und 2., sowie Einprägung des 3. Hauptstückes. Bibelsprüche, die sich besonders auf den ersten Glaubensartikel bezogen, wurden nach dem Barlebenschen Spruchbuche, die für die Abtheilung bestimmten 5, zu den früheren neu hinzukommenden, Kirchen=lieder aus dem Domgesangbuche nach ihrem Inhalte durchgesprochen und nach und nach gelernt.

V. A. Lehrer im Sommer= und Winter=Halbjahre Dr. Gloël, in wöchentlich 3 Stunden. Die zweite Hälfte der biblischen Geschichte des neuen Testaments (bei Zahn §§. 43—84) wurde, nach kurzer Wiederholung der ersten, durchgenommen und durch mehrmaliges Wieder=erzählen von den Schülern dem Gedächtnisse eingeprägt. Aus dem Katechismus wurden die für diese Classenabtheilung bestimmten Bibelsprüche (sich auf das zweite Hauptstück beziehend), sowie nach vorhergegangener kurzer Worterklärung das 4. und 5. Hauptstück neu eingelernt. Ebenso wurden 5 evangelische Kirchenlieder aus dem Domgesangbuch erklärt und gelernt, meist im Anschluß an die kirchlichen Hauptfeste und an das Kirchenjahr.

IV. B. Lehrer im Sommer= und Winter=Halbjahre der Ordinarius Dr. Rathmann. In wöchentlich 2 Stunden wurde im Sommer das Evangelium des Matthäus, im Winter die Apostelgeschichte des Lukas gelesen und erklärt. Zu Anfange jedes Halbjahrs ward das evangelische Kirchenjahr durchgegangen. Die Hauptstücke wurden so wiederholt, daß zu An=fang jeder Stunde eins aufgesagt wurde. Das erste wurde eingehend in jedem Halbjahre behandelt. Neu eingelernt wurden die für diese Stufe bestimmten evangelischen 5 Kirchen=lieder und Bibelsprüche, welche sich vornehmlich auf das erste Hauptstück beziehen.

Cl. IV. A. Lehrer im ganzen Schuljahre Dr. Ortmann, in wöchentlich 2 Stunden. Gelesen und erklärt wurde im Sommer das Evangelium von Matthäus, im Winter die Apostelgeschichte. In jedem Halbjahre wurde das zweite Hauptstück ausführlicher besprochen und die für dasselbe passend ausgewählten Bibelsprüche aus dem Barlebener Spruchbuche gelernt, ebenso einige Kirchenlieder, vornehmlich im Anschlusse an das Kirchenjahr nach vorheriger Erklärung.

Cl. III. B. Lehrer während des ganzen Schuljahres College Treplin, in 2 wöchentlichen Lehrstunden. Im Sommer wurden ausgewählte Psalmen, im Winter ausgewählte Abschnitte des Propheten Jeremias gelesen und erklärt. Dabei wurde die Geschichte des Reiches Gottes im alten Testamente in ihren Hauptpunkten wiederholt durchgenommen. Das jedesmalige Sonntags-Evangelium wurde ebenfalls deutlich gelesen und zu Anfange jedes Halbjahres das evangelische Kirchenjahr besprochen. Im Sommer wurde das vierte Hauptstück genauer erklärt und behandelt, im Winterhalbjahre das dritte, die übrigen wurden nach dem Wortlaute wiederholt. Die für die Classe bestimmten Kirchenlieder und Bibelsprüche wurden gelernt oder wiederholt.

Cl. III. A. Lehrer während des ganzen Schuljahres der ordentliche Lehrer (der Mathematik) Ottomar Müller, in 2 wöchentlichen Lehrstunden. Im Sommer-Halbjahre wurde das Buch des Propheten Jesaias gelesen mit Auswahl, nachdem zuvor eine Darstellung der Zeit- und Lebensverhältnisse desselben gegeben worden war. Das erste und zweite Hauptstück des Katechismus wurden erklärt und durchgenommen. Im Winter-Halbjahre erklärende Lesung des Propheten Jeremias. In Verbindung hiermit wurde das Nöthigste und Wichtigste aus der Geschichte der getrennten Reiche Israel und Juda, namentlich des letzteren, durchgenommen, sowie ein Abriß der Lebensverhältnisse des Propheten gegeben. Das dritte Hauptstück des Katechismus wurde durchgegangen. Während des ganzen Schuljahres wurde in der Freitagsstunde das jedesmalige Evangelium des nächstfolgenden Sonntags in der Ursprache gelesen und erklärt. Eine Uebersicht über das Kirchenjahr wurde zu Anfange jedes Semesters gegeben. Die Kirchenlieder, welche zu wiederholen oder neu einzulernen waren, sowie eine Anzahl Bibelsprüche standen in Verbindung mit dem durchgenommenen Hauptstücke des Katechismus.

Cl. II. B. Lehrer im Sommer- und Winterhalbjahre College Dr. Rathmann, in 2 Stunden wöchentlich. Die heilige Geschichte des alten und neuen Testamentes. Im Sommerhalbjahr von der Schöpfung der Welt bis zur Thronbesteigung Davids, im Winterhalbjahr von David bis zur Ausgießung des heiligen Geistes, in stetem Anschluß an die erklärende Lesung der heiligen Schrift. Im neuen Testamente wurden ausgewählte Abschnitte in der griechischen Grundsprache gelesen und besprochen. Wiederholung der Hauptstücke des Katechismus und früher gelernter evangelischer Kirchenlieder, Uebersicht über das christliche Kirchenjahr.

Cl. II. A. Lehrer im Sommer- und Winter-Halbjahre Dr Rathmann, in 2 Stunden wöchentlich. Die Geschichte der christlichen Kirche nach dem kurzen Abrisse in Petri's Lehrbuch. Im Sommerhalbjahre die ersten sechs Jahrhunderte: apostolisches Zeitalter (mit Benutzung der Apostelgeschichte und der neutestamentlichen Briefe), die Ausbreitung und Verfolgung der Kirche, der Kampf um die Lehren der Gottheit Christi und von der Sündhaftigkeit des Menschen (mit besonderer Hervorhebung einzelner Persönlichkeiten: Ignatius, Polycarpus, Origenes, Athanasius, Chrysostomus, Augustinus); im Winterhalbjahre bis auf unsere Zeit: Ausbreitung des Christenthums in Deutschland, Entwicklung der päpstlichen

Macht, Scholastik; Geschichte der Reformation; Ueberblick über die Perioden evangelisch-kirchlicher Liederdichtung; Wiederholung einiger früher gelernter Kirchenlieder.

Cl. I. B. Lehrer von Ostern bis zum 6. Juli 1864 Professor Dr. Scheele, — nach den Sommerferien vom 4. August an bis zu Ostern 1865 der ordentliche Lehrer und Candidat des evangelischen Predigtamts College Treplin, in 2 wöchentlichen Lehrstunden. — Professor Scheele las und erklärte die 4 ersten Capitel aus dem Evangelium des Apostels Johannes und gab eine Einleitung in die Heilslehre, namentlich vom Worte Gottes, sodann wurde für den Vortrag der Symbolik die Reformationsgeschichte nach ihren Hauptsachen übersichtlich wiederholt. — College Treplin fuhr in der erklärenden Lesung des Johannes-Evangeliums fort bis zu Ende, und war bestrebt, die Schüler zu einer klaren Anschauung der Darstellung der Lehren des Heilands in dem Evangelium des Johannes zu bringen, gegenüber den in den apostolischen Briefen vornehmlich des Apostels Paulus vorgetragenen christlichen Lehren, so daß in der Vergleichung die organische Einheit der göttlichen Offenbarung in der heiligen Schrift bei mannichfaltiger Form den Schülern vor die Seele trat und die Ueberzeugung von dieser Einheit in ihnen befestigt werden konnte. Dabei Rückblicke auf die Offenbarung in den Schriften des alten Testaments, so wie Erinnerungen an die in Cl. II. A. vorgetragene Geschichte der weiteren Entwickelung des Reiches Gottes in der christlichen Kirche.

Cl. I. A. Lehrer von Ostern bis zum 6. Juli 1864 Professor Dr. Scheele, vom 4. August bis gegen Ostern 1865 der ordentliche Lehrer und Candidat des evangelischen Predigtamts College Treplin, in 2 wöchentlichen Lehrstunden. Professor Dr. Scheele las und erklärte mit den Schülern in der griechischen Grundsprache die ersten 3 Capitel aus dem Briefe des Apostels Paulus an die Christen zu Rom. In seinem Vortrage entwickelte er, an Worte des Apostels Paulus anknüpfend, aus der Bestimmung des Menschen, deren vollkommene Verwirklichung allein in der christlichen Religion zu Stande kommen kann, — das System der evangelischen Heilslehre, und besprach den ersten Theil desselben, — die Lehre von der Sünde und vom Gesetz, im Ganzen und Einzelnen. College Treplin nahm in dem Lehrbuche von Petri nach den §§. 1—79 die einleitenden Hauptsachen a) von der Religion, b) von der heiligen Schrift, eine kurze Wiederholung der Kirchengeschichte kam, so daß „die Vorkenntnisse" beendigt wurden. Es wurden hierbei viele Stellen und Abschnitte des alten Testaments, welche für die Heilslehre wichtig sind, in der Lutherschen Uebersetzung nachgelesen, neutestamentliche in der griechischen Grundsprache. Auf die Lehrvorträge in den früheren Classen wurde bei jeder sich darbietenden Gelegenheit Rücksicht genommen und Mehreres aus denselben wiederholt.

Deutsche Sprache.

Hilfsmittel. In der Vorclasse und Cl. VI. Wackernagel's Deutsches Lesebuch, 1. Theil; in Cl. V. B. und A. 2. Theil; in Cl. IV. B. und A. 3. Theil. Seit Michaelis 1861 wird in III. B. und A. benutzt, auch für Cl. II. sich eignend, das deutsche Lesebuch für Gymnasien von Lothholz, Jena 1858. — Grundriß der deutschen Literatur von Schäfer, Bremen bei Geisler, in neuester Aufl., wird in Cl. I. gebraucht.

Der Lehrgang war in der Vorclasse (hier bei der Lehrzeit eines Jahres), dann in Cl. VI. B. und A. und in jeder Abtheilung der Cl. V. und IV. halbjährig; in Cl. III.

B. und ebenso in Cl. III. A. einjährig; desgleichen in Cl. II. B. und in Cl. II. A. einjährig; seit der Theilung auch für das Deutsche zu Michaelis 1862 in Cl. I. B. ein Jahr und in Cl. I. A. ein Jahr.

Vorcl. Lehrer im Sommer- und Winterhalbjahre der Ordinarius Hahn, theils in 6 halben Stunden (S. oben beim Religionsunterricht), theils in 5 ganzen, von denen 2 zu orthographischer Schreibübung benutzt wurden. Uebendes und erklärendes Lesen im Lesebuche; Uebungen im mündlichen und schriftlichen (wöchentlich ein kleiner Aufsatz) Nacherzählen. Einübung der Präpositionen nach ihrem Gebrauche. Aus der Grammatik die Formenlehre und der einfache Satz im Anschluß an das jedesmalige Lesestück.

Cl. VI. B. Lehrer im Sommerhalbjahre Dr. Karbaum, während des Winterhalbjahres der Gymnasialcandidat Isensee, in wöchentlich 3 Stunden. Uebendes und erklärendes Lesen im Lesebuche; Uebungen im Nacherzählen; wiederholte Uebung im Gebrauche der Präpositionen an der Bildung kleiner Sätze, wöchentlich ein deutsches Extemporale. Jede Woche ward ein kleines Gedicht gemeinschaftlich gelernt und von einzelnen Schülern declamirt. Auch die lateinischen Stunden, besonders die Uebersetzungsstunden, wurden zur Uebung in der deutschen Satzbildung und im richtigen Sprechen benutzt.

Cl. VI. A. Lehrer während des ganzen Schuljahres der Ordinarius u. Predigtamtscandidat Rudolph Müller, wöchentlich in 3 Stunden. Uebendes und erklärendes Lesen im Lesebuche; Uebungen im mündlichen und schriftlichen Nacherzählen (wöchentlich eine schriftliche Arbeit, deren Verbesserungen durchgesprochen wurden 1 St.), sowie im Declamiren. Einübung der Orthographie und Zeichensetzung in häufigen deutschen Dictaten, außerdem Fortübung im Gebrauche der Präpositionen an ganzen Sätzen, besonders mit neu aufgenommenen Schülern, Benutzung der Uebung im lateinischen Decliniren und Conjugiren, sowie der mündlichen Bildung solcher lateinischer Sätze, welche in der Wortfügung dem deutschen Sprachgebrauche entsprechen, für bewußte Richtigkeit des deutschen Ausdrucks. Von allen Schülern auswendig gelernte Gedichte wurden von einzelnen declamirt.

Cl. V. B. Lehrer während des ganzen Schuljahres der Ordinarius Dr. Boysen, in wöchentlich 2 Stunden. Leseübungen mit Erklärung in Wackernagel's Lesebuch, Theil 2, mündliche Uebungen im Erzählen und Declamiren einiger vorher erklärten, dann gemeinsam gelernter poetischer Musterstücke. Alle 14 Tage eine schriftliche Arbeit in Wiederdarstellung erzählter Geschichten oder gegebener Beschreibungen. Außerdem orthographische Uebungen.

Cl. V. A. Lehrer während des Sommerhalbjahres Dr. Karbaum, während des Winterhalbjahres Gymnasialcandidat Isensee, in wöchentlich 2 Stunden. Dasselbe Verfahren, dieselben Uebungen und ähnliche Aufgaben, wie in Cl. V. B., nur mit gesteigerten Anforderungen, auch Abfassung kleiner Briefe unter den alle 14 Tage wiederkehrenden schriftlichen Arbeiten.

Cl. IV. B. Lehrer während des ganzen Schuljahres der Ordinarius Dr. Rathmann, in wöchentlich 2 Stunden. Leseübungen im Lesebuche von Wackernagel, Theil 3; mündliche Uebung im Erzählen und Declamiren einiger ausgewählter poetischer Erzählungen; alle drei Wochen ein kleiner Aufsatz in Wiederdarstellung erzählter Geschichten und gegebener Beschreibungen; in jedem Vierteljahre eine Classenarbeit. Abfassung einzelner Briefe an Freunde.

Cl. IV. A. Lehrer während des ganzen Schuljahres der Ordinarius Dr. Bertram, in wöchentlich 2 Stunden. Dasselbe Verfahren, nebst ähnlichen Uebungen und Aufgaben, wie in Cl. IV. B., aber mit höheren Anforderungen.

Cl. III. B. Lehrer während des ganzen Schuljahres College Treplin, in wöchentlich 2 Stunden. Erklärende Lesung einzelner Abschnitte in dem Lesebuche von Lothholz, sowol aus dem prosaischen als poetischen Theile. Alle 3 Wochen ein deutscher Aufsatz. Eine Stunde wurde in der Regel zur Declamation und zur Uebung im freien Vortrage (meist über geschichtliche Stoffe) benutzt. Besprechung der Aufgaben zu den Aufsätzen, wo an Lesung im Deutschen, Lateinischen und Griechischen angeknüpft ward, und Uebungen in der Anordnung der zugehörigen Gedanken einzelner Stoffe, schriftliche Verbesserung der Aufsätze und eingehende mündliche Beurtheilung bei der Rückgabe.

Cl. III. A. Lehrer während des ganzen Schuljahres der Ordinarius Prof. Dr. Hasse, in wöchentlich 2 Stunden. Erklärende Lesung in dem Lesebuche von Lothholz; besonders mit Besprechung grammatischer Verhältnisse der deutschen Sprache. Uebung der Schüler im mündlichen Vortrage über meist geschichtliche Stoffe (wo möglich im Anschluß an das, was gelesen oder in anderen Unterrichtsstunden vorgetragen und behandelt war), Besprechung der Aufgaben zu Aufsätzen, ebenfalls so viel möglich anknüpfend an vorgetragenen und eingeübten Lehrstoff. Schriftliche Verbesserung der Aufsätze mit mündlicher Beurtheilung bei der Rückgabe.

Cl. II. B. Lehrer während des ganzen Schuljahres der College Dr. Gerland, wöchentlich 2 Stunden. Gelesen wurden einige Dramen von Lessing und Schiller und an biesen in eingehender Besprechung die Grundregeln der dramatischen Poesie nachgewiesen. Die Schüler hielten der Reihe nach freie Vorträge über literarische oder historische Stoffe. Alle 4 Wochen wurde ein Aufsatz geschrieben, der nach der Correctur eingehender besprochen wurde. Verschiedene Themen wurden in der Classe besprochen, um so die Grundlagen einer logischen Topik zu geben.

Cl. II. A. Lehrer während des ganzen Schuljahres Dr. Ortmann, in wöchentlich 2 Stunden. Es fanden im Anfange jedes Halbjahres Uebungen der Schüler im Anordnen der Gedanken, dann regelmäßige Uebungen sowol in freien Vorträgen und Besprechungen derselben, als auch in schriftlichen Aufsätzen statt, deren in jedem Halbjahr vier, davon einer in der Classe, ausgeführt wurden. Außerdem wurden die Schüler mit der mittelhochdeutschen Laut- und Flerionslehre, unter gelegentlicher Bezugnahme auf das Althochdeutsche und Gothische, und mit den Grundzügen der älteren Nationallitteratur bis auf Opitz bekannt gemacht. Gelesen wurden Lessings Abhandlungen über die Fabel theilweis und ausgewählte Stücke aus dem Nibelungenliede in der Urschrift. Auch wurde in jedem Halbjahr, statt eines Aufsatzes, ein schriftlicher Versuch in metrischer Bearbeitung meist selbstgewählter Stoffe eingereicht und besprochen.

Cl. I. P. Lehrer Dr. Göbel, in 3 wöchentlichen Lehrstunden. Lehrgang einjährig. — Im Sommer wurde aus der Geschichte der deutschen Nationallitteratur über die mittelalterliche didaktische, lyrische u. dramatische Poesie und Prosa vorgetragen und deren Erscheinungen an Leseproben klar gemacht, außerdem ein kurzer Abriß der Logik nach Trendelenburgs Elementa logices Aristotelicae durchgenommen; im Winter wurde die gesammte alt- und mittelhochdeutsche Litteratur und die neuhochdeutsche bis Gottsched durchgenommen und ebenso kurz Leseproben erläutert. Gelesen wurde im Sommerhalbjahre Nibelungenlied, im Winterhalbjahre Göthes Tasso und Lessings Abhandlung von der Fabel. Aufsätze wurden in jedem halben Jahre 3 zu Hause gearbeitet, im Winter außerdem noch ein Classenaufsatz. Die gestellten Themen wurden bei der Zurückgabe der Arbeiten mit den Schülern dialektisch besprochen. Nach dem so gewonnenen Maßstabe mußte der betreffende Schüler die Fehler in der Auffindung des Stoffes und Anordnung desselben selbst aufsuchen, worauf er noch auf einzelne sachliche und formale Fehler aufmerksam gemacht wurde. Außerdem wurden einige freie Vorträge gehalten.

Cl. I. A. Lehrer während des ganzen Schuljahres Prof. Michaelis in wöchentlich 3 Lehrstunden. Lehrgang jährig. Geschichte der deutschen National=Litteratur von Gottscheb bis zur Gegenwart. Musterstücke epischer, lyrischer und dramatischer Poesie (namentlich Lessings Emilia Galotti), sowie auch bibaktischer und rhetorischer Prosa wurden gelesen und erklärt; freie Vorträge der Schüler schlossen sich an den Lehrstoff an. Außerdem Besprechung der Aufgaben zu den deutschen Aufsätzen und bei der Rückgabe der Aufsätze eingehende mündliche Beurtheilung. Eine Stunde wurde wöchentlich regelmäßig zur Besprechung der Grundlehren der Psychologie verwendet.

Lateinische Sprache.

Hilfsbücher: Siberti's Grammatik in Cl. VI.—IV; die größere Grammatik von Zumpt in Cl. III, II und I; Wiggert's Vocabularium in Cl. VI—IV; das Lesebuch von Schönborn in Cl. VI; der erste Theil des Lateinischen Elementarbuchs von Jacobs und Döring in Cl. V. B. und A; die Anleitung zum Lateinschreiben von Krebs in Cl. V—I; Gruber's Anleitung in Cl. III. B; in Cl. II. Seyffert's Uebungsbuch; in Cl. I. Seyffert's Materialien. Der Lehrgang war von Cl. VI. B. bis Cl. IV. A. halbjährig, ebenso die Versetzung; in Cl. III. B. bis Cl. I. B. und A. einjährig und ebenfalls die Versetzung für diejenigen Schüler, welche sich die Reife erwarben, in Cl. I. A. für die Abgangsprüfung.

Cl. VI. B. Lehrer während des Sommer=Halbjahres der Ordinarius Dr. Karbaum, während des Winter=Halbjahres der Ordinarius, Gymnasial=Candidat Isensee, in wöchentlich 10 Lehrstunden. Gelernt ward die regelmäßige Declination der Substantiva und Adjectiva, die gereimten Genusregeln, die regelmäßige Comparation, die Pronomina ego, tu, nos, vos, sui, meus, tuus, suus, noster, vester, hic, ille, die numeralia cardinalia, das Zeitwort sum und die regelmäßige erste und vierte Conjugation mit Festhaltung der Stammformen, und steter Ableitung der übrigen Formen. von der jedesmaligen Stammform. Aus Wiggert's Vocabularium wurden alle Wörter mit Hand bezeichnet gelernt, und — ebenso wie die aus Siberti's Grammatik und Schönborn gelernten weiter, — von den Schülern in ein besonderes Vocabelbuch eingetragen. Gelesen und übersetzt ward aus Schönborn's Lesebuch I., und die Schüler wurden dabei zur richtigen Anwendung der gelernten Formen und Wörter und zur Kenntniß der Bestandtheile des einfachen Satzes und der Nachbildung desselben angeleitet, jeder lateinische Satz ward construirt und die Theile benannt, auch der Gebrauch der drei Präpositionen ad, a und de vorbereitet, indem sie bei Einübung der Declinationen, so oft es sein konnte, zu dem gehörigen Casus genommen und im Deutschen mit ausgedrückt wurden. Die Schüler wurden auch gewöhnt, auf Verlangen des Lehrers das Deutsche vor dem Lateinischen zu sagen und so schon bei diesen Uebungen auf das Uebersetzen aus dem Deutschen in das Lateinische vorgebildet. Wöchentlich ward ein Extemporale in der Classe geschrieben; zu Hause übersetzten die Schüler Sätze aus Schönborn's Buch, wöchentlich eine Aufgabe, dabei hatten sie von einem Tage zum andern eine Declinations= bezüglich Conjugationsarbeit, eine kleine und durch die Uebungen im Classenunterricht hin= länglich vorbereitet. Auf richtiges Sprechen und Betonen der lateinischen Formen und auf gutes Lesen wurde gehalten.

Cl. VI. A. Lehrer im ganzen Schuljahre der Ordinarius, Cand. des Predigtamts Müller, in wöchent= lich 10 Stunden. Halbjährlich zunächst Wiederholung und genauere Einübung des in VI. B. Gelernten. Neu gelernt wurde die schwierigere Flexion der aus dem Griechischen stammenden lateinischen Wörter der ersten, zweiten und dritten Declination, die unregelmäßige Compara= tion, die zweite und dritte Conjugation, die Conjugation der Deponentia, der Verba ano= mala und defectiva, sämmtliche in VI. B. noch nicht gelernte Pronomina, die Ordinalzahl= wörter, die Distributivzahlwörter und Zahladverbien und die Adverbien. Tägliches mündliches Uebersetzen aus dem Lateinischen in das Deutsche und aus dem Deutschen in das Lateinische zu sofortiger Anwendung des aus der Grammatik Gelernten. Aus Wiggert's Vocabularium wurden alle die mit Hand bezeichneten Wörter repetirt und die mit Stern neu hinzugelernt. Auf richtige Betonung und Aussprache der Wörter wurde auch hier sorgfältig geachtet und die Betonungsregeln der Grammatik sogleich Anfangs eingeübt und oft in Erinnerung gebracht. Mit der Uebersetzung aus dem Uebungsbuche von Schönborn (§§. 40—80) war stets Wiederholung der in der Grammatik vorgekommenen Formen und Regeln verbunden. Die einzelnen Sätze wurden erst construirt und dann übersetzt, auch auf die Wortstellung ge= achtet. Wöchentlich wurde ein schriftliches Extemporale in der Classe (vom Lehrer nach den jedes Mal eingeübten Regeln aufgegeben und nach der Correctur noch besonders in der Classe durchgesprochen) und eine häusliche Arbeit schriftlich ausgeführt.

Cl. V. B. Lehrer während des ganzen Schuljahres der Ordinarius Dr. Boysen, in wöchentlich 10 Lehrstunden. Lehrgang halbjährig. In der Grammatik wurde die Formenlehre wieder= holt und die Kenntniß derselben weiter vervollständigt. Hinzugelernt wurde die conjugatio periphrastica, die abweichenden Verba, §§. 233—249 in der Grammatik von Siberti. Aus der Syntaxis wurden die Hauptregeln über die Uebereinstimmung der Satzbestandtheile und über Fragsätze, sowie die Casuslehre (Siberti §§. 380—547), außer den Anmerkungen und einigen für Cl. V. A. vorbehaltenen Regeln, durchgegangen und durch mündliches, oft auch schriftliches Uebersetzen der betreffenden Stücke in der Anleitung zum Lateinschreiben von Krebs eingeübt, so wie durch wöchentliche Extemporalien und Exercitien. Zur sicheren Anwendung der Regeln wurden angemessene Sätze aus der Grammatik (loci memoriales) mit eingeübt. In dem lateinischen Elementarbuche von Jacobs und Döring wurde im Sommer Abschnitt I. und zum Theil der Abschnitt II. gelesen; im Winter=Halbjahre Ab= schnitt III; aus Wiggert's Vocabularium wurden die in Cl. VI. A. gelernten Wörter wiederholt und die mit 1 bezeichneten gelernt und eingeübt. Uebung in den Formen wurde in allen Stunden eifrig fortgesetzt und, wie es in dieser Abtheilung geschehen muß, an die Uebung in den Formen durch Decliniren und Conjugiren des Syntaktische angeschlossen, so daß die Formen durch die Uebersetzungen an den Beispielen immer mehr veranschaulicht und befestigt wurden und die Regeln der Syntaxis geläufige Anwendung erhielten.

Cl. V. A. Lehrer während des ganzen Schuljahres der Ordinarius Treplin, in wöchentlich 10 Stunden. In der Grammatik wurden die abweichenden Verba, §§. 233—248 bei

Siberti wiederholt, ebenso die Verba anomala, §§. 79—264, neu eingelernt die schwierigen Verba der dritten Conjugation §§. 250—268; aus der Syntaxis §§. 380—547 im Anschluß an das Lehrstück der Cl. V. B., doch so, daß die dort weggelassenen Paragraphen hier mitgenommen wurden (über die Uebereinstimmung des Präbicats und der Apposition und die Casuslehre). Um Sicherheit in der Anwendung der Regeln zu erzielen, wurden durch Kürze und Inhalt sich empfehlende Sätzchen aus der Grammatik (loci memoriales) besonders mit eingeprägt und die durchgenommenen Regeln durch mündliches Uebersetzen aus der Anleitung von Krebs befestigt. Ebenso wurden die wöchentlichen Exercitien und Extemporalien stets im Anschluß an die durchgenommene grammatische Aufgabe, zum Theil auch noch im Anschluß an die Lesung, gegeben. Die lateinische Lesung bildete im Sommer Abschnitt V. des Elementarbuches von Jacobs, Länder- und Völkerkunde, im Winter Abschnitt IV, Römische Geschichte. Aus Wiggert's Vocabularium wurden die in den früheren Abtheilungen gelernten Vocabeln wiederholt und die mit 2 bezeichneten Wörter neu eingelernt. Dabei wurden die bei der Lesung vorgekommenen Nebensarten eingeprägt. Die Formenlehre wurde ganz repetirt und auf Befestigung darin in allen Stunden hingearbeitet, da ohne geläufige Sicherheit in den Formen die syntaktischen Regeln anzuwenden nicht ohne grobe Fehler versucht wird.

Cl. IV. B. Lehrer und Ordinarius während des ganzen Schuljahres Dr. Rathmann, in wöchentlich 9 Stunden. Neben genauen Wiederholungen der Formenlehre, besonders der §§. 33 ff. wurden die Verba bei Siberti §§. 269—278 eingeprägt. Das Lehrstück der Abtheilungen V. B. und A. aus der Syntaxis ward wiederholt, dann die Tempus- und Moduslehre bei Siberti §§. 548—788 in den wichtigsten Gebrauchsarten durchgenommen und an kleinen Memorirsätzen eingeübt. Aus Wiggert's Vocabularium wurden die Wörter mit 3 neu gelernt, die früher gelernten wiederholt. Im Cornelius Nepos wurden die Lebensbeschreibungen von Miltiades bis Thrasybulus gelesen, im Winter von Conon bis Pelopidas einschließlich. Die Nebensarten wurden aus dem jedesmal gelesenen Kapitel des Cornelius Nepos von den Schülern ausgezogen und bei den wöchentlichen Extemporalien, so wie in den vierzehntägigen Exercitien fortwährend angewendet. In diesen Uebungsarbeiten und durch mündliches und schriftliches Uebersetzen aus der Anleitung von Krebs wurde gleiche Sicherheit und Gewandtheit in Anwendung der gelernten Formen und syntaktischen Regeln erzielt.

Cl. IV. A. Lehrer während des ganzen Schuljahres College und Ordinarius Dr. Bertram, in 9 Stunden wöchentlich. In halbjährigem Lehrgange ward aus der Grammatik Siberti's, nach Wiederholung der Casuslehre §§. 407—547, besonders die Tempus- und Moduslehre §§. 548—789, einschließlich der klein gedruckten Paragraphen, von Neuem durchgenommen und durch mündliches Uebersetzen ins Lateinische nach der Anleitung von Krebs geübt. Extemporalien in der Classe, zum Theil mit Rücksicht auf die Lesung, wurden im Sommer und Winter wöchentlich, häusliche Exercitien alle 14 Tage geschrieben. Die Vocabeln nach Wiggert wurden sämmtlich in wöchentlichen Abschnitten wiederholt, bezüglich durchgelesen. Gelesen und erklärt wurden aus dem Cornelius Nepos im Sommer die Lebensbeschreibungen von Miltiades bis Thrasybulus einschließlich, im Winter die Lebensbeschreibungen von Conon bis Pelopidas. Die Uebungen in der Formenlehre wurden, sobald in den mündlichen und schriftlichen Uebersetzungen aus dem Deutschen in das Lateinische, oder in der Lesung, sich irgend eine Schwäche bei Einem oder dem Andern zeigte, sofort wieder aufgenommen.

Cl. III. B. Lehrer während des ganzen Schuljahres der Ordinarius Dr. Gerland, in wöchentlich 10 Stunden, mit einjährigem Lehrgange. Das grammatische Lehrstück wurde halbjährlich durchgenommen und zwar aus Zumpt's größerer Grammatik Cap. 5 (die Quantitätsregeln). Eingehend wurde die Syntaxis congruentiae und die Casuslehre (Cap. 69—75) behandelt, wobei die Formenlehre (nach Cap. 5—36) gelegentlich wiederholt und nach und nach Manches noch genauer bestimmt und für den Gebrauch immer von Neuem befestigt wurde. Zum geläufigen Gebrauch des Gelernten wurden mündliche Uebersetzungen nach Krebs und Gruber angestellt, für den schriftlichen Ausdruck wöchentlich abwechselnd ein häusliches Exercitium oder ein Extemporale gearbeitet. Fehler gegen die Formenlehre waren als doppelte zu notiren. Auch wurden die Anfänge der lateinischen Verskunst geübt, im Einrichten aufgelöster Hexameter und Distichen, dann mit den geläufigsten Wortvertauschungen, zuletzt in selbstständigerer Versbildung nach einem deutschen Dictat. Gelesen wurden aus des Ovidius Verwandlungen nach der Auswahl von Siebelis im Sommer die Stücke 1—3, im Winter Stück 4—7; am Schlusse des Halbjahres einige Elegien aus den Tristien. Aus Cäsar's Gallischem Kriege wurde gelesen im Sommer Buch V. u. VI., während des Winters Buch VII., im häuslichen Fleiße der Schüler Buch II. und III. im Sommer, Buch IV. und V. während des Winters. Das im Cäsar Gelesene wurde repetirt und die Schüler wurden dabei geübt, den Inhalt einzelner Kapitel wieder zu erzählen; auch zeichneten sie sich die ihnen vorher unbekannten Redensarten und Redewendungen auf, um sie sich einzuprägen und lernten ein und das andere Kapitel so wie aus Ovidius manche Partien auswendig.

Cl. III. A. Lehrer während des Schuljahres Professor Dr. Hasse, Ordinarius, in wöchentlich 7 Lehrstunden. Im grammatischen Lehrgange wurden aus Zumpt's größerer lateinischer Sprachlehre durchgenommen Kap. 37—60 über das Verbum, insbesondere wiederholt die Verzeichnisse der Bildungen in den 4 Conjugationen nebst den unregelmäßigen Zeitwörtern, dann das Wichtigste aus Kap. 65 u. 67 über die Präpositionen und Conjugationen eingeübt, aus dem syntaktischen Theile Kap. 76—83 über den Gebrauch der Tempora und Modi, des Participia, des Gerundium und Supinum. Die durchgenommenen Regeln wurden eingeübt und befestigt durch mündliches Uebersetzen der entsprechenden Paragraphen aus der Anleitung von Krebs. Zur Bildung des schriftlichen Ausdrucks wöchentlich ein häusliches Scriptum oder ein Extemporale in der Classe, zusammen 3—4 Stunden wöchentlich. — Gelesen ward im Unterrichte aus Cäsar der Bürgerkrieg vollständig bis auf Kapitel 23—44 des zweiten Buches, welcher Abschnitt den Schülern für den Privatfleiß aufgegeben wurde. Gegen Ende jedes Halbjahres 4 Wochen lang wurden einzelne Abschnitte aus Friedemann's lateinischer Chrestomathie erklärt. Prosalesung wöchentlich abwechselnd 3 und 4 Stunden. Häuslich lasen die Schüler theils Abschnitte aus der erwähnten Chrestomathie, theils aus dem Gallischen Kriege früher von denselben noch nicht gelesene Abschnitte, deren Verständniß der Schüler von Zeit zu Zeit in der Classe geprüft wurde. Bei der Lesung wurde außer einer passenden Wahl des deutschen Ausdrucks der syntaktische Sprachgebrauch, der Unterschied sinnverwandter Wörter, so wie die vorkommenden Redensarten und ihre Bildungsweise berücksichtigt. Professor Dr. Graser las und erklärte während des Schuljahres in wöchentlich 2 Stunden aus des Ovidius Metamorphosen in B. I. vom Anfange an die Abschnitte von der Schöpfung, von den 4 Weltaltern, von den Giganten, vom Lycaon, von der großen Wasserfluth, von Deucalion und Pyrrha; demnächst aus den Tristien Elegie B. III. 9, 10, 12, 13;

aus Buch IV. 6, 7, 8, 10; aus Buch V. Elegie 3 u. 4. Hierzu wurden in wöchentlich 1 St.) mit Wiederholung und Einprägung des Nöthigen aus Prosodik u. Metrik, Versbildungen, und zwar des elegischen Distichons, geübt an dem Stoff in Seyffert's Palaestra Musarum No. 2. Eine häusliche Arbeit alle 3 Wochen, bei welcher derselbe Stoff in lateinischen und deutschen Distichen darzustellen war.

Cl. II. B. Lehrer während des ganzen Schuljahres Dr. Ortmann, Ordinarius, in wöchentlich 10 Lehrstunden. Lehrgang einjährig. Gelesen und erklärt wurde aus des Virgilius Aeneide das vierte und fünfte Buch, dann Cicero's Rede de imperio Cn. Pompeji und pro Ligario, mit regelmäßiger Repetition und vielfachen Uebungen im Lateinsprechen (6 St.). Privatim lasen die Schüler, nach Anleitung des Lehrers, kleinere Schriften von Cicero, Theile aus Cäsar und Ovidius, einige auch Sall. de bello Iugurthino. In der Grammatik wurden, außer den besonders nöthig werdenden Wiederholungen früherer Abschnitte, im Zusammenhange besprochen und eingelernt die Lehre über den Gebrauch der Tempora und Modi (§§. 493—671) und aus der Syntaxis ornata (§§. 672—741). Allwöchentlich mündliche Uebungen in Uebersetzen aus dem Deutschen in das Lateinische, meist nach Seyffert's Uebungsbuche, daneben schriftlich ein häusliches Exercitium oder ein Extemporale in der Classe oder eine metrische Uebung in heroischem oder elegischem Versmaße nach gegebenem deutschen Dictate. In jedem Halbjahre arbeiteten die Schüler zwei kleine freie Aufsätze. (Uebungen für den lateinischen Stil, Besprechung der Correcturen zusammen wöchentlich 4 St.).

Cl. II. A. Lehrer während des ganzen Schuljahres der Ordinarius Dr. Götze, in wöchentlich 10 Stunden. Lehrgang einjährig. Gelesen wurde im Sommer Cic. pro Murena; des Virgil. Aen. Buch 9, dann Eclog. 5, 7, 8; im Winter Liv. 23, 24, cap. 1—20, Virgil. Aen. 10, 11, v. 1—202, 445—596, 648—867, Eclog. 1, 2. Privatim lasen die Schüler unter des Lehrers Leitung einzelne Bücher von Livius, Cicero's Cato, Lälius und die kleineren Reden nach der Ausgabe von Halm; einige lasen auch des Ovidius Tristien zum Theil und das 10. Buch von Quintilian. In der Grammatik von Zumpt wurden die Abschnitte von dem Pleonasmus, der Ellipse, dem Periodenbau und von den Figuren durchgenommen und frühere Abschnitte wiederholt. Außer einem alle Woche wiederkehrenden lateinischen Vortrage nebst daran sich schließender Uebung im lateinischen Disputiren wurden 4 freie Aufsätze während des Schuljahres ausgearbeitet und wöchentlich eine schriftliche Uebung im Uebersetzen aus dem Deutschen ins Lateinische, und zwar so, daß häusliche Arbeiten in Prosa und im elegischen Versmaße mit Classenscripta abwechselten. Daneben wurde das mündliche Uebersetzen aus Seyffert's Uebungsbuche in der Classe fortgeübt. (Vom 4. bis 27. August 1864 ward der Ordinarius wegen des Gebrauches von den Karlsbader und Teplitzer Heilquellen vertreten, sonst nicht).

Cl. I. B. Während des ganzen Schuljahres las und erklärte der Ordinarius, Professor Dr. Graser in 2 wöchentlichen Lehrstunden von Horatius ausgewählte Oden des III. u. IV. Buches. Die Erklärung geschah zum Theil in lateinischer Sprache; in deutscher in allen solchen Sachen, bei denen es sich um gründliche und scharfe Auffassung oder um lebendige Anschauung handelte. Die Versmaße des Horatius wurden, mit Eingehen in die allgemeinen Grundlagen der Metrik, im Zusammenhang erklärt. Die meisten der gelesenen Oden wurden auswendig gelernt. Der Oberlehrer Dr. Feldhügel las und erklärte in 4 wöchentlichen Stunden während des Sommer-

Halbjahres Cic. de Off. I. u. II. bis c. 15, im Winter=Halbjahre Cic. de Orat. I. u. II. bis c. 30, und leitete in 2 anderen wöchentlichen Stunden die lateinischen Stilübungen. Diese bestanden theils in mündlichen Uebersetzungen aus Seyffert's Materialien, theils in schriftlichen alle 14 Tage zu leistenden Exercitien oder Extemporalien, theils in freien Aufsätzen. Von letzteren wurden in jedem Semester 3 ausgearbeitet. Dazu kam, noch alle 14 Tage eine der Disputation in lateinischer Sprache zu Grunde zu legende Disputationsschrift, welche der Reihe nach von den Schülern geleistet wurde. Privatim lasen die Schüler unter dem Beirath des Lehrers Cic. de Off. Buch II. u. III., einzelne Reden des Cicero, so wie längere Abschnitte aus Livius. Das Lateinsprechen ward auch in den für die Lesung bestimmten Lehrstunden mit den Schülern geübt.

In Cl. I. A. las und erklärte der Propst D. Müller in 2 wöchentlichen Lehrstunden aus Horatius die zweite Hälfte des 3. Buches der Oden 16 — 30, sodann das 4. Buch und das carmen seculare; dazu den ersten und zweiten Epodus. Zu den einzelnen Oden und zum carmen seculare wurden, wie in den früheren Jahrbüchern immer einzeln dargestellt worden ist, andere Oden aus allen Büchern zum Theil oder ganz verglichen, eben so einzelne Epoden, desgleichen einzelne Abschnitte aus einzelnen Briefen oder auch einzelne Briefe vollständig und kleinere oder größere Stellen aus den Satiren verglichen und übersetzt. Dieß geschah eben so wegen des Inhalts, als wegen des Ausdrucks und wegen der Versbildungen. Der Strophenbau und das Versmaß wurde bei jeder Ode allemal von den Schülern, welche die Kenntniß von Cl. I. B. her besitzen müssen (s. Cl. I. B.), dargestellt und auch manches Prosodische auf Verlangen angegeben. Die Darstellungen und Angaben wurden den Schülern in lateinischer Sprache abverlangt und von ihnen so geleistet, überhaupt die Erklärung lateinisch durchgeführt (s. unter Cl. I. A. über die Lesung und Erklärung des Homer und des Sophokles). Zur 2. Ode des 4. Buches ward mit den Schülern der erste Olympische Siegesgesang des Pindaros gelesen und ihnen erklärt, um die Art dieser Dichtung ihnen zu veranschaulichen, besonders aber die längeren Abschweifungen des griechischen Dichters oder vielmehr die Ausführungen wichtiger Einzelheiten bei demselben mit den kürzeren des Horatius zu vergleichen, welche letztere so Mancher in neuerer Zeit an den Oden des Horatius hat abschneiden wollen, indeß dieß wegen der in einander greifenden Strophen bei Pindar zu versuchen noch Niemand den Einfall gehabt hat, obgleich seine Abschweifungen oft viel weniger noch mit dem Hauptgegenstande zusammenhangen als bei Horatius. — In der lateinischen Prosa las Prof. Gräfer im Sommer=Halbjahre von Tacitus die Germania vollständig, von dem Leben des Julius Agricola den Eingang und den Schluß, Cap. 1—3 und 42—46, und von den Annalen B. I. Cap. 1—15; im Winter=Halbjahre von Cicero's Werk de finibus bonorum et malorum B. I. u. II. und B. V. Cap. 1—4 u. 9—23. Die Erklärung ward deutsch in allen denjenigen Gegenständen gegeben, bei welchen es sich um gründlicheres Verständniß von Begrifflichem und um eingehende Vergleichung der antiken Denk= und Darstellungsformen mit den modernen handelt, darum nur theilweise in lateinischer Sprache. Lateinische Aufsätze wurden im Sommer=Halbjahre 3, im Winter=Halbjahre 4 gearbeitet, theils in der Classe, theils in häuslicher Ausführung; außerdem alle 14 Tage ein Uebersetzungspensum in das Lateinische. Die Schüler der ersten Abtheilung arbeiteten von Aufsätzen, wie bisher, außer den Classenarbeiten der Reihe nach Disputationsschriften, über welche zweimal lateinisch disputirt wurde, und in der zweiten Hälfte jedes Halbjahres als Abiturienten eine längere Abhandlung. Erörterung schwieriger grammatischer Punkte erfolgte theils gelegentlich, theils geflissentlich. Für Lesung, für Stil= und Disputirübungen 6 St. wöchentlich.

Griechische Sprache.

Hilfsbücher: in Cl. IV. B. u. A., in Cl. III. B. u. A. Krüger's Griechische Sprachlehre für Anfänger, in Cl. IV. zugleich Theil I. des Griechischen Elementarbuchs von Jacobs (das Lesebuch), neu besorgt von Classen, Vocabularium von Ditfurt; in Cl. II. und I. Krüger's Griechische Sprachlehre für Schulen I. Theil (die größere), dessen Homerische und Herodotische Formenlehre in Cl. II.) des II. Theil der Sprachlehre für Schulen über die Dialekte, vorzugsweise über den epischen und ionischen, 1. Heft Formenlehre; 2. Heft Syntaxis für Cl. I. Seit Neujahr 1861 für Cl. IV. und III. Dihle's, für Cl. II. und I. Haacke's Materialien zum Uebersetzen in das Griechische.

Cl. IV. B. Lehrer während des ganzen Schuljahres der Oberlehrer Dr. Feldhügel, in wöchentlich 6 Stunden. Lehrgang halbjährig. Beugung der Nomina (Substant. und Adject.) und Pronomina, Comparation, Zahlwörter (Cardinal= und Ordinalzahlen), nach Krüger §§. 14—25 mit Ausschluß vieler Anmerkungen, mancher Geschlechtsregeln und der meisten anomalen Substantiva. Ueber Lautgesetze und Accentuation wurde das Nöthige an geeigneter Stelle beigebracht. Einübung der Formen durch Uebersetzen der Beispiele in Jacobs Lesebuch 1. Cursus I.—VII. und durch mündliche und schriftliche Uebungen im Uebertragen deutscher Sätzchen ins Griechische, meist in der Classe; wöchentlich eine häusliche Arbeit oder ein Extemporale. Mündliche Uebersetzung aus Dihle's Materialien. Vocabellernen nach Ditfurt.

Cl. IV. A. Lehrer im ganzen Schuljahre Collège Dr. Gloël, in 6 wöchentlichen Stunden. Lehrgang halbjährig. Wiederholung und Ergänzung des Lehrstücks von IV. B., so daß die dort übergangenen Anmerkungen und Geschlechtsregeln noch gelernt wurden. Erlernung des regelmäßigen Zeitworts auf ω, einschließlich der verba contracta, und einiger häufig vorkommenden anomalen Verben. (Krüger's Gr. §§. 26—37 mit Ausschluß mancher Anmerkungen.) Einübung der Formen durch Lesung von Jacob's Leseb. 1. Curs. VIII., IX. und durch mannigfache Uebertragung deutscher Sätze ins Griechische, meist in der Classe, wobei Dihle's Anleitung benutzt wurde; wöchentlich eine schriftliche häusliche Arbeit, oder ein Extemporale, besonders über Formen. Vocabeln wurden nach Ditfurt's Buch weiter gelernt.

Cl. III. B. Lehrer während des ganzen Schuljahres Collège Dr. Gloël, in wöchentlich 6 Stunden. Wiederholung des Lehrstücks von Cl. IV. B. u. A. und Nachholung des in der Sprachlehre für Cl. IV. B. u. A. Uebergangenen, besonders Befestigung der Formen. Die §§. 36—40 der Sprachlehre wurden, namentlich die Zeitwörter auf μι und die Verba anomala, nur mit Uebergehung der seltensten, eingelernt und das Nothwendigste aus der Casus- und Moduslehre besprochen. Aus Xenophon's Anabasis wurde B. II, 5 bis B. III, 1 einschließlich gelesen. Wöchentlich eine schriftliche häusliche Arbeit oder ein Extemporale in der Classe. Mündliche Uebungen im Uebersetzen aus dem Deutschen ins Griechische nach Dihle's Materialien.

Cl. III. A. Lehrer im Sommer- und Winter-Halbjahre Dr. Feldhügel, in 6 wöchentlichen Stunden. Gelesen wurde aus Xenoph. Anab. im Sommer B. VII., im Winter III. u. IV., im Homer Odyssee Rhaps. III. u. IV. In der Grammatik wurde die Casuslehre nach Krüger §. 43—48 durchgenommen und über die Tempora und Modi wurden die wichtigsten Regeln aus gegebenen loci memoriales entwickelt. Zur Einübung des grammatischen Lehrabschnitts wurden mündliche und schriftliche Uebersetzungsübungen in der Classe angestellt. Aus der attischen Formenlehre wurden nach jedesmaligem Bedürfniß bald diese, bald jene Abschnitte nach Krüger wiederholt und fester eingeprägt, die homerische Formenlehre aber nach übersichtlichen Paradigmen gelernt und bei der Lesung eingeübt. Alle 14 Tage wurde ein zu Hause ausgeführtes Exercitium geliefert, wozu monatlich noch ein Classen-Extemporale kam.

Cl. II. B. Lehrer im Sommer- und Winter-Halbjahre Dr. Bertram, in wöchentlich 4 Lehrstunden. Neben der Wiederholung der in früheren Classen gelernten grammatischen Lehrabschnitte wurden neu durchgenommen §§. 49—67 aus Krüger's Sprachlehre für Anfänger. Monatlich drei schriftliche Arbeiten; außerdem mündliche Uebungen im Uebersetzen aus dem Deutschen in's Griechische. Es wurden zu diesem Zwecke die Materialien von Haacke benutzt. Gelesen und erklärt wurde im Sommer Herodotos, Buch I. Kap. 1—7, 12—55, 59—71, 75—91, 107—140, privatim das erste Buch der Hellenika des Xenophon unter Leitung des Lehrers, im Winter das dritte und vierte Buch des Herodotos, privatim das zweite Buch der Hellenika. — Professor Dr. Hasse las im ganzen Schuljahre aus Homer's Odyssee in 2 Stunden Buch 16, 17, 18, 20, 21 u. 22. Privatim lasen die Schüler Buch 14, 23 und 24, doch so, daß der größere Theil davon auch in der Classe prüfend durchgenommen wurde.

Cl. II. A. Lehrer im Sommer- und Winter-Halbjahre Professor Michaelis, in wöchentlich 6 Lehrstunden. Das grammatische Lehrstück von II. B., so wie die früheren, wurden gelegentlich wiederholt. Monatlich 3 schriftliche Uebersetzungsaufgaben aus dem Deutschen ins Griechische; außerdem mündliche Uebungen derselben Art, bei denen Haacke's Materialien benutzt wurden. Gelesen wurde aus der Odyssee Buch 10—24, ferner Plutarchos in den Lebensbeschreibungen des Themistokles und Perikles und Platon's Apologie des Sokrates nebst Kriton (zur Ergänzung noch die letzten Kapitel aus dem Phädon). Privatim lasen die Schüler die in der Classe nicht gelesenen Bücher der Odyssee und Einiges aus Xenophon und Platon.

Cl. I. B. Im Sommerhalbjahre erklärte der Ordinarius, Professor Dr. Graser, in 2 wöchentlichen Lehrstunden aus Homer's Ilias Buch I., während weiter B. II. u. III. von den Schülern privatim gelesen wurden; im Winter-Halbjahre las derselbe, nach Mittheilung des Nöthigsten zur Einführung in die griechische Tragödie, des Sophokles Aias vollständig und mit Erklärung von allem Metrischen bis v. 692; darauf, nach Darlegung des weiteren Ganges der ganzen Handlung, einzelne Abschnitte, worunter v. 815—865 und der Schluß. Lateinische Besprechung fand nur selten statt. — Für die Lesung der griechischen Prosaschriften und für die Uebungsarbeiten Lehrer College Dr. Göbel, in wöchentlich 4 Stunden. Im Sommer wurde Platon's Gorgias, im Winter Platon's Phädon gelesen. Alle 14 Tage wurde von den Schülern abwechselnd ein Extemporale in der Schule oder ein Exercitium zu

Hause gearbeitet. Daneben wurden Wiederholungen aus der Grammatik angestellt und aus Haacke's Materialien wurde auch mündlich aus dem Deutschen ins Griechische übersetzt.

Cl. I. A. Lehrer der Ordinarius Propst D. Müller, in wöchentlich 3 Stunden, las und erklärte Dichter während des Sommer- und Winter-Halbjahres: aus dem Homer in der Ilias Buch 18 von Vers 54 an, Buch 19, 120, 21 bis Vers 467. Den ersten Olympischen Siegesgesang des Pindaros zu dem oben S. 22 angegebenen Zwecke des Horatius wegen; nach Neujahr 1865 den Aias des Sophokles, nach der Ausgabe von Gustav Wolff. Die Erklärung und Besprechung der Versmaße und ihrer Eigenthümlichkeiten ward meist bei Sophokles und Homer in lateinischer Sprache ausgeführt. — Von Prosaschriften las Professor Dr. Graser, in wöchentlich 3 Stunden während des Sommer-Halbjahres den Phädros von Platon, mit Ausscheidung mehrerer Abschnitte; im Winter-Halbjahre von Thukydides Buch I. Kap. 1, 66 u. 67, 86—114, 119, 139—146; Buch II. Kap. 1—25, 35—46. Theilweise ward bald der Text lateinisch übersetzt, bald der Inhalt lateinisch dargestellt. Grammatische Einzelheiten wurden gelegentlich behandelt. Alle 14 Tage ward, theils als häusliche, theils als Classenarbeit, eine Uebersetzung in das Griechische von den Schülern geleistet.

Französische Sprache.

Hilfsmittel: Das Lehrbuch der französischen Sprache von Plötz in Cursus 1 und 2. Der Lehrgang ist, indem altherkömmlich der Unterricht von Unter-Quinta beginnt, in Cl. V. B. u. A. und in Cl. IV. B. u. A. halbjährig; in Cl. III. B. u. Cl. III. A., so wie in Cl. II. B. u. II. A. einjährig; in Cl. I. B. u. A. ebenfalls einjährig.

Cl. V. B. Lehrer im Sommer- und Winter-Halbjahre College Dr. Bonsen, in 3 wöchentlichen Lehrstunden. Der Lehrgang ist halbjährig. Aus dem Lehrbuche von Plötz wurde der 1. Abschnitt des I. Cursus durchgenommen, die Regeln über die Aussprache, die Hauptformen von avoir und être; die Declination mit dem bestimmten Artikel. Die Vocabeln wurden sämmtlich in ein besonderes Buch eingetragen und auswendig gelernt, die Beispiele bei Plötz wurden theils mündlich theils zu Hause schriftlich übersetzt, dabei alle 8 Tage ein Extemporale in der Classe.

Cl. V. A. Lehrer während des ganzen Schuljahres College Dr. Gloël, in 3 Stunden wöchentlich. Lehrgang halbjährig. Vollständige Einübung von avoir und être, sodann Erklärung und Einübung des pronom relatif, démonstratif und der fragenden Form, der Comparation, der Zahlwörter und des Theilungsartikels, nach dem 1. Cursus von Plötz, Abschnitt 2 und 3. Auf die Richtigkeit der Aussprache wurde beständig geachtet; alle 14 Tage abwechselnd eine häusliche Uebersetzungsaufgabe oder ein Extemporale in der Classe.

Cl. IV. B. Lehrer während des ganzen Schuljahres der Ordinarius Dr. Rathmann, in 2 Stunden wöchentlich. Lehrgang halbjährig. Neben halbjährlicher Wiederholung der vorhergehenden Lehrstücke von Cl. V. B. und A. wurden die vier regelmäßigen Conjugationen neu eingelernt, mit besonderer Rücksicht auf die Ableitung der Zeitformen von den Grundformen nach Plötz, I. Cursus, Abschnitt 4. Auch die Vocabeln aus §. 60 ff. wurden weiter gelernt, ebenso die Uebungen im mündlichen und schriftlichen Uebersetzen fortgesetzt. Wenigstens alle

14 Tage wurde eine Arbeit, entweder eine häusliche Uebungsaufgabe oder ein Classen-Extemporale geleistet und corrigirt. Auf Richtigkeit der Aussprache wurde gehalten.

Cl. IV. A. Lehrer während des ganzen Schuljahres College Dr. Boysen, in 2 wöchentlichen Lehrstunden. Lehrgang halbjährig. Halbjährliche Wiederholung der Abschnitte 1—4 bei Plötz in Cursus 1. Neu durchgenommen wurde Abschnitt V, enthaltend die pronoms personnels, die verbes pronominaux, die Veränderung des participe passé und der gebräuchlichsten unregelmäßigen Verben. Wiederholung der Vocabeln. Die französischen Uebungsstücke wurden mündlich, die deutschen auch schriftlich übersetzt. Alle 14 Tage eine häusliche Uebungsarbeit oder ein Classen-Extemporale.

Cl. III. B. Lehrer während des ganzen Schuljahres College Dr. Boysen, in 2 wöchentlichen Lehrstunden. Lehrgang jährig. Aus dem 2. Cursus bei Plötz wurde Abschnitt 1 u. 2 (Section 1 — 23), Bemerkungen zu den regelmäßigen Verben und dabei die unregelmäßigen Verben enthaltend, durchgenommen. Die französischen und deutschen Beispiele wurden mündlich und schriftlich übersetzt. Alle 14 Tage ein Extemporale, oder eine schriftliche Uebersetzungsübung zu Hause. Aus Voltaire's Charles XII. wurde Buch 3—6 einschließlich gelesen, übersetzt und, so weit nöthig, erklärt.

Cl. III. A. Lehrer während des Sommer- und Winter-Halbjahres Dr. Ortmann, in 2 wöchentlichen Lehrstunden. Lehrgang einjährig. Nach Wiederholung der früheren grammatischen Abschnitte, Formenlehre des Substantivs und Adjectivs, und weiterer Einübung der unregelmäßigen, der reflexiven und unpersönlichen Verba, wurde das Wichtigste über den Gebrauch der pronoms, über die Wortstellung und den Gebrauch der Präpositionen, der Tempora und Modi durchgenommen, nach Plötz, 2. Cursus, besonders Abschnitt 3—5 von avoir und être für die Anwendung. Ein großer Theil der Beispiele wurde theils mündlich, theils schriftlich übersetzt, außerdem alle 14 Tage ein häusliches Exercitium oder ein Classenscriptum gearbeitet. Gelesen wurde aus Charles XII. par Voltaire, Buch 5 u. 6, privatim 7 u. 8 von den meisten Schülern. Beim Unterricht wurde Vieles grammatisch durchgegangen.

Cl. II. B. Lehrer während des Sommer- und Winter-Halbjahres Ordinarius Dr. Ortmann, in 2 wöchentlichen Lehrstunden. Lehrgang einjährig. Nach dem Lehrbuche von Plötz wurden im 2. Cursus die Abschnitte 6 u. 7 vollständig durchgenommen und durch Uebersetzung der französischen und deutschen Beispiele eingeübt: Eléments sur l'emploi des temps et des modes, und Syntaxe de l'article, de l'adjectif et de l'adverbe. Alle 14 Tage schriftlich eine häusliche Uebersetzungsaufgabe in das Französische, oder ein Extemporale. Gelesen wurde Paganel, histoire de Frédéric le grand B. 1 in der Classe, einige Abschnitte desselben und zum Theil B. 2. privatim, unter Leitung des Lehrers.

Cl. II. A. Lehrer im ganzen Schuljahre der College Sprachlehrer Lene, in wöchentlich 2 Lehrstunden. Lehrgang jährig. Aus dem Lehrbuche von Plötz II. Theil wurden durchgenommen und eingeübt Abschnitt 7. und 8. Gelesen wurde Histoire de Napoleon par Dumas (herausgegeben von Dr. E. Hoche). Alle 14 Tage ein Exercitium oder Extemporale. Dabei häufige Hinweisungen auf das Lehrbuch und auf erklärte Regeln, Uebungen im Sprechen.

Cl. I. B. Im ganzen Schuljahre der College Sprachlehrer Lene. Sommersemester: Wiederholung des sämmtlichen grammatischen Lehrstoffes. Gelesen wurden: Tableaux historiques par

Fraenkel; le verre d'eau par Scribe; l'avare par Molière. Alle 14 Tage eine häusliche Arbeit oder ein Extemporale. Außerdem eine freie Arbeit in jedem Halbjahre.

Cl. I. A. Im ganzen Schuljahre der Lehrer, wie in Cl. I. B. Nochmalige Wiederholung des sämmtlichen grammatischen Lehrstoffes. Gelesen wurden Tableaux historiques par Fraenkel, le malade imaginaire par Molière; Athalie par Racine; verbunden mit Uebungen im Sprechen. Alle 14 Tage ein Extemporale, oder eine häusliche Arbeit. Ein freier Aufsatz in jedem Halbjahre.

Geographie und Geschichte.

Hilfsbücher: Daniel's Leitfaden der Geographie in der Vorclasse und von Cl. VI. B. bis IV. A.; Daniel's Lehrbuch der Geographie in Cl. III. B. — Cl. I. Für die neuere Geographie besaßen die Schüler meist den Schulatlas von Sydow, für die alte Geschichte einen Atlas der alten Welt. Erdkugeln und Wandkarten der Anstalt wurden fortwährend benutzt. Zu dem Geschichtsunterricht sind die drei Hefte des Grundrisses der allgemeinen Geschichte für die oberen Gymnasialclassen von Rudolph Dietsch im Gebrauche, von Oberquarta an bis Cl. I. Für die Geschichte des Preußischen Vaterlandes in Cl. IV. B. Hahn's Leitfaden. Der Lehrgang umfaßt dieselbe Zeit, wie der Lehrgang des Lateinischen in denselben Abtheilungen.

a) Geographie mit geschichtlichen Erwähnungen, namentlich bei merkwürdigen Ortschaften und Gegenden.

Vorclasse. Lehrer der College und Ordinarius Hahn, in 2 Stunden wöchentlich. Lehrgang halbjährig. Die Umgegend Magdeburgs. Dann Veranschaulichung der Erdgestalt am Globus, Kenntniß der fünf Erdtheile und Hauptmeere, Belehrung über die fünf Zonen; Meerbusen und Straßen an den Küsten Europa's; Unterscheidung der Bewohner, Thiere und Pflanzen in Nord=Europa und Süd=Europa, unter Erwähnung der Erzeugnisse und Eigenthümlichkeiten anderer Erdtheile; die fünf großen Ströme Preußens: die Weichsel (Provinz Preußen), die Oder (Schlesien, Brandenburg, Pommern) — die Warthe und Netze (Posen), die Elbe (Provinz Sachsen, unsere heimathliche Provinz), die Weser (Westphalen), der Rhein (die Rheinprovinz). Geschichtlicher Ueberblick Preußens: Die heidnischen Preußen, Albalbert, der deutsche Ritterorden, Gründung der Städte Marienwerder, Elbing, Kulm, Königsberg; Albrecht von Brandenburg, der erste Herzog von Preußen; von dem ersten Könige Friedrich I., 1701 am 18. Januar gekrönt zu Königsberg; von dem siebenjährigen Kriege unter Friedrich dem Großen; von dem Befreiungskriege unter Friedrich Wilhelm III.; von unserem gegenwärtigen Könige Wilhelm I.: das Dannewerk, der Schleybusen, die Düppeler Schanzen, Fridericia, die Insel Alsen.

Cl. VI. B. Lehrer während des Sommer=Halbjahres Dr. Karbaum, während des Winter=Halbjahres Schulamts=Candidat Isensee, in wöchentlich 2 Stunden. Lehrgang halbjährig. Veranschaulichung der Erdgestalt an Globus und Planiglobium, der allgemeinen Größenverhältnisse; Darstellung der 5 Erdtheile in ihrer Lage und Gestalt zu einander, der Hauptmeere. Näher eingegangen ward auf Europa nach Gestalt, Grenzen, Breiten= und Längen=Ausdehnung, Namen und Lage der wichtigsten Länder, Flüsse und Gebirge (besonders von Deutschland), der Inseln, Halbinseln und Meerestheile. Dazu wurden die Wandkarten gebraucht. Es wurden von einzelnen Abschnitten prüfende Wiederholungen oft vorgenommen, mündlich und schriftlich. Die schriftlichen Aufzeichnungen wurden durchgegangen und verbessert. Nach Sydow'schen Netzen Kartenzeichnungen.

Cl. VI. A. Lehrer während des Sommer=Halbjahres Dr. Karbaum, während des Winter=Halbjahres Schulamts=Candidat Isensee, in wöchentlich 2 Stunden. Genauere Betrachtung Europa's, seiner Grenzen und Eintheilung. Besonders wurden die wichtigsten Gebirge von Deutschland und seine größeren Flüsse veranschaulicht und eingeprägt. Der preußische Staat ward genauer durchgenommen und die wichtigsten Ereignisse mit Jahreszahlen seit dem Regierungsantritte des großen Kurfürsten gelernt. Der Lauf der Flüsse, die Grenzen der einzelnen Länder u. s. w. wurden von dem Lehrer an der Tafel gezeichnet und auf der Wandkarte gezeigt; die Hauptrichtung jedes Flusses wurde besonders nach geraden Linien hervorgehoben, ebenso die auffallenden Wendungen, z. B. des Rheins, der Donau, danach von den Schülern auf ihren Karten nachgesehen.

Cl. V. B. Lehrer während des ganzen Schuljahres College Lehrer Friedemann, in 2 Stunden wöchentlich. Lehrgang halbjährig. Wiederholung der Hauptsachen aus dem Lehrstück der Cl. VI. B. und VI. A.; sodann eingehendere Betrachtung Asiens, Afrika's und Australiens, nach ihrer Lage, Ausdehnung, Gliederung und Eintheilung, Darstellung der klimatischen Verhältnisse. Die Hauptgebirge, die größesten Flüsse, die Hauptstaaten und wichtigsten Städte wurden auf der Karte ins Auge gefaßt, ihre geographische Lage durch Vergleichung bestimmt und ihre Namen eingeprägt; einzelne Theile wurden an der Wandtafel vorgezeichnet und von den Schülern nach der Anweisung des Lehrers nachgezeichnet. Die geschichtlichen Andeutungen bezogen sich besonders auf die wichtigsten Staaten Asiens und Afrikas.

Cl. V. A. Lehrer während des ganzen Schuljahres College Dr. Gerland, in wöchentlich 2 Stunden. Lehrgang halbjährig. Es wurden Amerika und Europa nach ihrer Gestaltung und Küstenbildung, nach ihren Hauptflüssen und Hauptgebirgen im Allgemeinen, sodann im Einzelnen nach ihrer staatlichen Eintheilung betrachtet und die Hauptsachen durch Benutzung des Globus, der Wandkarten und der eigenen Karten der Schüler (für das Zeichnen) anschaulich eingeprägt. Von Europa wurde einzelner Deutschland behandelt, namentlich Preußen. Die nöthigsten geschichtlichen Andeutungen über die Wohnsitze der Völker und über die berühmtesten Schlachtengegenden wurden auf der Wandkarte gezeigt und von den Schülern auf ihren Karten nachgesehen, namentlich nach den nächstgelegenen Ortschaften bestimmt; dann die Hauptsachen wieder abgefragt.

b) Geschichte und Geographie.

Cl. IV. B. Lehrer während des ganzen Schuljahres Professor Dr. Hasse, in 3 Stunden wöchentlich. Lehrgang halbjährig. Nachdem die Geographie Deutschlands, namentlich des mittleren und nördlichen, und der einzelnen Theile des preußischen Staates in Anschauung der Karten durchgegangen war, wurde die brandenburgisch=preußische Geschichte nach dem Leitfaden von Hahn in stetem Anschluß an die Hauptsachen der gleichzeitigen deutschen Geschichte vorgetragen und, durch Abfragen und Wiedererzählen der Schüler, diesen eingeprägt.

Cl. IV. A. Lehrer während des ganzen Schuljahres College Dr. Göbel, in 3 Stunden wöchentlich. Lehrgang halbjährig. Ueberblick der Geographie der alten Welt, besonders Italiens, dann römische Geschichte von Erbauung der Stadt bis zur Schlacht bei Actium und bis zum Lebensende des Augustus nach dem Grundrisse von Dietsch §§. 113—181. Der Schauplatz der Begebenheiten wurde immer durch Karten der alten Welt veranschaulicht, auch durch Zeichnung an der Tafel. Die Schüler skizzirten auch bisweilen den Schauplatz und mußten das Gehörte stets nacherzählen; auch übten sie sich in schriftlicher Beantwortung vorgelegter Fragen. Die Gesetzesbestimmungen wurden nach dem lateinischen Ausdrucke gemerkt.

Cl. III. B. Lehrer während des ganzen Schuljahres Dr. Bertram, in 3 wöchentlichen Lehrstunden. Lehrgang einjährig. Geschichte der Völker des Alterthums, vornehmlich der Griechen und Römer, nach dem Grundriß von R. Dietsch. Die wichtigeren Gesetzesbestimmungen in der römischen Geschichte wurden nach dem lateinischen Ausdrucke gemerkt. Dazu Beschreibung der Küstenländer des Mittelmeeres und derjenigen Ländergebiete, welche Bestandtheile des römischen Reiches gewesen sind. Vergleichende Uebersicht der alten und neuen geographischen Eintheilungen.

Cl. III. A. Lehrer während des ganzen Schuljahres Dr. Göbel, in 3 wöchentlichen Lehrstunden. Lehrgang einjährig. Geschichte Deutschlands im Mittelalter und der neueren Zeit vom ersten Auftreten der Germanen an bis zum Jahre 1815. Das fränkische Reich und später Deutschland bildeten den Mittelpunkt der Geschichtsbetrachtung, woran sich die Geschichte der andern Völker nur in so weit anschloß, als sie weltbewegend wurde. Die Schüler wurden angehalten, die Hauptsachen in zusammenhängender Darstellung zu wiederholen. Eine wöchentliche Lehrstunde wurde auf die Geographie Deutschlands verwandt. Lehrbücher waren die von Dietsch (Bd. II. u. III.), für die Geographie das von Daniel; neben den Atlanten der Schüler wurden die historischen Wandkarten von Bretschneider benutzt. Auch wurden von den Schülern nach gegebener Anleitung Karten gezeichnet.

Cl. II. B. Lehrer während des ganzen Schuljahres Oberlehrer Dr. Götze, in 3 Stunden wöchentlich. Lehrgang einjährig. Nach einer geographischen Einleitung und kurzer Darstellung der Geschichte Alt-Aegyptens und Vorderasiens die Geschichte Griechenlands bis auf Alexander den Großen und seine Nachfolger ausführlicher, nach dem Grundrisse von Dietsch. Die Schüler erzählten bei Wiederholungen die Hauptsachen in zusammenhangender Darstellung.

Cl. II. A. Lehrer während des ganzen Schuljahres Oberlehrer Dr. Götze, in 3 Stunden wöchentlich. Lehrgang einjährig. Römische Geschichte auf geographischer Grundlage, nach dem Grundrisse von Dietsch. Die Wiederholungen geschahen in derselben Art, wie in Cl. II. B. — Außerdem wurden in beiden Abtheilungen von Zeit zu Zeit Wiederholungen aus der Geschichte des Mittelalters und der neueren Zeit vorgenommen.

Cl. I. B. Lehrer während des Sommer- und Winter-Halbjahres Professor Michaelis, in 3 wöchentlichen Lehrstunden. Lehrgang einjährig. Geschichte des Mittelalters nach dem Grundrisse von Dietsch. Eine Stunde wurde wöchentlich regelmäßig zur Wiederholung der alten Geschichte verwendet. An den Vortrag und die Besprechung des geschichtlichen Lehrabschnittes schlossen sich Wiederholungen aus dem Gebiete der Geographie an. Die Schüler wurden gewöhnt, das Gelernte im Zusammenhange klar wieder zu geben.

I. A. Lehrer während des Sommer- und Winter-Halbjahres Professor Michaelis, in 3 wöchentlichen Lehrstunden. Lehrgang einjährig. Geschichte der neueren Zeit von Entdeckung Amerika's bis 1815. Wiederholungen der alten Geschichte und der früheren geographischen Lehrstücke wie in Cl. I. B. Dabei wurden die Schüler ebenfalls angehalten, das Gelernte im Zusammenhange klar wieder darzustellen. Von Einzelnen wurden Vorträge über selbstgewählte historische Aufgaben gehalten.

Rechnen und Mathematik.

Im Rechnen wird durch die Abtheilungen von der Vorclasse bis Obertertia der Lehrgang nach Krancke's Lehrbuch der praktischen Arithmetik, mit Benutzung von dessen Exempelbuche, von den Lehrern festgehalten. — Die meisten Aufgaben wurden in den Lehrstunden selbst gerechnet, nur für wenige der häusliche Fleiß gefordert. — Für den mathematischen Unterricht ward, wie früher, der „Leitfaden von Matthias für einen heuristischen Schulunterricht über die allgemeine Größenlehre" nach der neuesten Bearbeitung von Professor Hennige, gebraucht.

a) Rechnen.

orcl. Lehrer der Ordinarius Hahn, in wöchentlich 6 Stunden. Lehrgang halbjährig, aber in allmählicher erprobter Stufenfolge. Eingeübt wurden die vier Grundrechnungsarten mit unbenannten Zahlen, das kleine und große Einmaleins, mit besonderer Berücksichtigung derjenigen Zahlen, welche bei Maßen, Gewichten und Münzen in Anwendung kommen. Zu Ende jedes Halbjahres wurde im Rechnen mit benannten Zahlen ein Anfang gemacht.

l. VI. B. Lehrer der College Friedemann, in wöchentlich 4 Stunden. Lehrgang halbjährig. Eingeübt wurden die vier Grundrechnungsarten mit unbenannten Zahlen, das kleine und große Einmaleins ward wiederholt oder mit neuen Schülern fester eingeübt, mit besonderer Berücksichtigung derjenigen Zahlen, welche bei Maßen, Gewichten und Münzen in Anwendung kommen.

l. VI. A. Lehrer College Friedemann, in wöchentlich 4 Stunden. Lehrgang halbjährig. Weiter geübt wurden an schwierigeren Aufgaben die vier Grundrechnungsarten mit ganzen benannten Zahlen, das große Einmaleins ward wiederholt; fest wurden Maße, Gewichte, Münzsorten und andere Zahlenbestimmungen eingelernt.

l. V. B. Lehrer College Banse. Die gemeinen Brüche. Lehrgang halbjährig, in 4 Stunden wöchentlich. Verfahren nach Krancke's Lehrbuch. S. oben.

l. V. A. Lehrer College Banse. Decimalbrüche, Regula de tri mit directen und indirecten Verhältnissen, Regula de quinque und Kettenregel. Lehrgang halbjährig, in 4 Stunden wöchentlich.

l. IV. B. Lehrer College Banse. Tara-, Rabatt-, Procent-, Zins-, Disconto- und Gesellschaftsrechnung. Lehrgang halbjährig, in 3 Stunden wöchentlich.

b) Rechnen und allgemeine Arithmetik.

l. IV. A. Lehrer College Banse. Wiederholung und Vergleichung der vier Grundrechnungen in gemeinen und Decimalbrüchen. Uebung in der Proportions- und Kettenrechnung. Anfangsgründe der allgemeinen Arithmetik: über Summen, Differenzen, Producte und Quotienten in allgemeinen Zahlen; die vier Grundrechnungen in algebraischen Summen. Lehrgang halb=jährig, in 3 Stunden wöchentlich. Benutzt wurde der Leitfaden von Matthias. S. oben.

c) **Mathematik und Rechnen.**

Cl. III. B. Lehrer Dr. Leitzmann, Oberlehrer, in zusammen 4 Stunden. Lehrgang ein=jährig. a) Mathematik in 3 Stunden. 1. Während des Sommers: Die Lehre von den algebraischen Gleichungen im Allgemeinen, dann von den Gleichungen des ersten Grades mit einer Unbekannten, so wie die Lehre von den arithmetischen und geometrischen Verhältnissen und Proportionen; Uebungsaufgaben. 2. Während des Winter=Halbjahres: Die Grundkenntnisse der ebenen Geometrie, von den 3 Grundformen des Raumes, von den Linien überhaupt, dann zunächst einzeln von geraden Linien und ihrer gegenseitigen Lage in derselben Ebene, von den Winkeln und deren Eigenschaften, vom Parallelismus gerader Linien; Begriff der geradlinigen ebenen Figur und des Kreises; die Lehre von der gegenseitigen Abhängigkeit der Seiten und Winkel eines Triangels und von der Congruenz der Triangel; Uebungsaufgaben. — b) Rechnen, in 1 Stunde wöchentlich. Fortgesetzte Uebungen in allen früher mit Cl. V. B. behandelten Rechnungsarten zur Bewahrung und Erhöhung der gewonnenen Fertigkeit.

Cl. III. A. Den Unterricht gab während des ganzen Schuljahres der Lehrer Müller, in wöchentlich 4 Stunden. a) Mathematik in 3 Stunden. Im Sommer: Lehre von den Vierecken, von der Gleichheit der geradlinigen ebenen Figuren und vom Kreise; Uebungsaufgaben (Matthias' Leitfaden §§. 104 — 220). — Im Winter: Die Lehre von den Potenzen mit ganzen Exponenten und deren Anwendung auf die Erklärung der Zahlensysteme, auf die Rechnung mit Decimalbrüchen; ferner Ausziehung der Quadrat= und Kubik=Wurzel, so wie die Rechnung mit Wurzelgrößen (Matthias Leitfaden §§. 69 — 95, 98 — 144); Uebungsaufgaben. — b) Rechnen. Wiederholung der in Cl. V. A. behandelten und geübten Rechnungen mit vielen Uebungsbeispielen; dann die kaufmännischen Zins=, Conto=, Correnten=, Spiritus= und Wechsel=Rechnung.

Cl. II. B. Den Unterricht gab auch hier der Lehrer Müller in 4 wöchentlichen Lehrstunden. Gegenstand bloß Mathematik. Im Sommer: Wiederholung der Proportionslehre und der Wurzelrechnung, Rechnung mit negativen und gebrochenen Potenzen. Lineare Gleichungen mit mehreren Unbekannten; Uebungsaufgaben. (Lehrbuch §§. 134—161, §§. 162—198, §§. 278—288). Im Winter: Aehnlichkeit der ebenen Figuren und die Berechnung der Flächenräume; Uebungsaufgaben. (Matthias Leit. §§. 221—299.)

Cl. II. A. Lehrgegenstand bloß Mathematik. Den Unterricht gab der Lehrer Müller in wöchentlich 4 Stunden. Während des Sommer-Halbjahres: Quadratische Gleichungen mit einer und mehreren Unbekannten, Berechnung der Ludolph'schen Zahl, der Umfänge und Flächen=räume der Kreise; algebraische Geometrie. (Matthias Leitf. §§. 290—309). Während des Winters: Erster Theil der ebenen Trigonometrie (Goniometrie). (Matthias Leitf. §§. 1—56). Aus der Stereometrie die Lehre von den Linien und Ebenen im Raume. (Matthias Leitf. §§. 310—367). Uebungsaufgaben wurden während des ganzen Jahres gegeben.

Cl. I. B. Den Unterricht gab der Oberlehrer Dr. Leitzmann, in wöchentlich 4 Stunden. Lehrgang einjährig. 1. Die reinen und gemischten quadratischen Gleichungen mit einer und mit mehreren Unbekannten; dann aus der Stereometrie, nach einer Wiederholung der Lehre von den Ecken, die Lehre vom Prisma und Cylinder, von der Pyramide und vom Kegel. Berechnung dieser Körper. Im Leitfaden von Matthias, Arithmetik §§. 294—304. Geometrie §§. 368—454 u. §§. 496—515. Alle Monate eine Anzahl häuslicher Aufgaben zur Uebung und Erweiterung des in früheren Klassen Erlernten. 2. Während des Winter=Halbjahres: Nach Wiederholung der gesammten ebenen Geometrie und der Goniometrie, die ebene Trigonometrie. Trigonometrische Gleichungen, goniometrische Lösung der quadratischen Gleichungen, Anwendung der Algebra auf Geometrie. Die für häuslichen Fleiß bestimmten Uebungsaufgaben wurden aus allen Zweigen der Mathematik zur Vervollständigung und tieferen Begründung der gewonnenen Kenntnisse ausgewählt.

Cl. I. A. Den Unterricht gab der Oberlehrer Dr. Leitzmann, in wöchentlich 4 Stunden. 1. Während des Sommer=Halbjahres: Wiederholung der arithmetischen Lehrstücke von Cl. III. und Cl. II. Die Lehre von den arithmetischen und geometrischen Progressionen, die Elemente der Combinationslehre und der binomische Lehrsatz. Algebraische Lösung der cubischen Gleichungen. Im Leitfaden von Matthias, Arithmetik §§. 228 bis 277, §§. 305—311. Den Abiturienten wurde auf ihren Wunsch in 1 Stunde wöchentlich das Tactionsproblem im Zusammenhange vorgetragen. 2. Während des Winter=Halbjahres: Ebenfalls Wiederholung der gesammten ebenen Geometrie und des in Cl. I. B. vorgetragenen Abschnitts der Stereometrie. Die Lehre von der Kugel und deren Berechnung. Wiederholung der trigonometrischen Hauptsätze nebst Einführung in den organischen Zusammenhang der Geometrie einerseits und der algebraischen Geometrie und ebenen Trigonometrie andrerseits. Alle Monate eine Anzahl häuslicher Aufgaben wie in Cl. I. B. Im Leitfaden von Matthias, Geometrie §§. 455—495 u. §§. 515—528.

Naturbeschreibung und Naturlehre (Physik).

Hilfsmittel: Grundriß der Naturlehre von Burmeister. Im Sommer: frische Pflanzen; außerdem zoologische Sammlung ausgestopfter Thiere und Abbildungen, auch eine reiche Mineraliensammlung. Für die Physik: Brettner's Leitfaden, physikalischer Apparat zu Versuchen.

Cl. VI. B. Lehrer während des ganzen Schuljahres College Dr. Gerland, in 2 wöchentlichen Stunden. Lehrgang halbjährig. Im Sommer=Halbjahre: Die ersten Anfangsgründe der Botanik mit Benutzung einiger frischer Pflanzen; im Winter=Halbjahre: Zoologie in den ersten Grundzügen und unter Vorzeigung eines und des anderen ausgestopften Thieres.

Cl. VI. A. Den Unterricht gab der College Lehrer Müller während des ganzen Schuljahres, in wöchentlich 2 Stunden. Im Sommer=Halbjahre: Pflanzenlehre, ähnlich wie in Cl. VI. B. Im Winter=Halbjahre: Zoologie. Allgemeine Andeutungen über die Organe des Thieres. Die Veranschaulichung einzelner Thiergattungen an einzelnen Exemplaren.

Cl. V. B. und V. A., jedoch gesondert in je 2 wöchentlichen Lehrstunden. Lehrer der College Banse. Lehrgang jährig mit halbjährlich wechselnden Lehrzweigen. Während des Sommers:

Die Elemente der Botanik mit Excursionen; während des Winters: Die Elemente der Mineralogie mit den dazu nothwendigen chemischen Versuchen.

Cl. IV. B. und IV. A., ebenfalls gesondert in je 1 wöchentlichen Lehrstunde. Lehrgang halbjährig, mit halbjährlich wechselnden Lehrzweigen. Lehrer der College Banse. Während des Sommers: Anleitung zum Bestimmen der Pflanzen nach der Flora von Garcke mit Excursionen; während des Winters: Terminologie, Entwickelung des Linné'schen und des natürlichen Pflanzensystems und die Elemente der Anatomie und Physiologie der Gewächse.

Cl. III. B. Mineralogie. Lehrer der College Banse, in wöchentlich 2 Stunden. Lehrgang einjährig. Im Sommer: Terminologie, veranschaulicht an Exemplaren unserer Mineraliensammlung. Im Winter: Oryktographie mit den nothwendigen chemischen Versuchen.

Cl. III. A. Den Unterricht gab der College Lehrer Müller, in wöchentlich 2 Stunden. Allgemeiner Ueberblick über die Organe des vollkommenen Thierkörpers und über die organischen Thätigkeiten. Im Sommer-Halbjahre wurden sodann die niederen Thierformen, namentlich die Gliederthiere und unter diesen einzelner die Insekten durchgenommen; im Winter-Halbjahre die Säugethiere und Vögel.

a) Naturlehre (Physik).

Cl. II. B. Oberlehrer Dr. Leitzmann, in 1 wöchentlichen Stunde. Lehrgang jährig. Während des Schuljahres wurde nach Brettner's Leitfaden, unter Veranschaulichung durch die nöthigen Experimente, die Lehre von den allgemeinen Körpererscheinungen (Abschn. 1), von der Ruhe und der Bewegung im Allgemeinen und von den Hindernissen der Bewegung (Abschnitt 2), sodann die Lehre vom Hebel (Anfang des 3. Abschnitts) vorgetragen.

Cl. II. A. Oberlehrer Dr. Leitzmann, in 1 Stunde wöchentlich. Lehrgang jährig. Die Statik: Dynamik fester Körper (Abschnitt 3).

Cl. I. B. Oberlehrer Dr. Leitzmann, in 2 Stunden wöchentlich. Nach Brettner's Leitfaden kamen während des Schuljahres ebenfalls unter Veranschaulichung durch die nöthigen Experimente zum Vortrag, im Sommer: Die Lehre von den flüssigen und luftförmigen Körpern (Abschnitt 4 und 5); im Winter: Die Lehre von der Wärme und vom Schalle (Abschnitt 6 und 8).

Cl. I. A. wie in Cl. I. B., aber in 2 besonderen Lehrstunden und nicht mit Cl. I. B. vereinigt. Dasselbe Lehrstück mußte für dieses Jahr auch mit Oberprima genommen werden, damit die abgehenden Oberprimaner den Vortrag aller Theile der Physik hörten, und so aus dem gemeinsamen zweijährigen Lehrgange mit Ostern 1865 der gesonderte doppelte einjährige Lehrgang ohne Nachtheil sich bildete.

Zeichnen und Schreiben.

a) Zeichnen, in allen folgenden Abtheilungen mit halbjährigem Lehrgange.

Erste Stufe.

Cl. VI. B. Den Unterricht gab der College Lehrer Friedemann, in wöchentlich 2 Stunden. Anleitung mit Besprechung der Formenlehre in den ersten Anfängen des Zeichnens durch Vorzeichnen an der Wandtafel mit geraden Linien aus freier Hand. Einzelne gleichlaufende oder Winkel bildende gerade Linien, Dreiecke, Quadrate, andere Vierecke und regelmäßige Vielecke.

In den folgenden Abtheilungen gab ben Unterricht der Maler Voiges und zwar in je
2 wöchentlichen Lehrstunden für jede Abtheilung.

Cl. VI. A. Fortgesetzte Uebung im Nachbilden mehrseitiger gerabliniger Figuren aus freier Hand,
und erster Versuch, krumme Linien und krummlinige Winkel, sodann Kreise zu zeichnen. Fort=
gesetzt wurde auch die Besprechung der Formenlehre.

Zweite Stufe.

Cl. V. B. Weitere Fortbildung im Nachzeichnen krummliniger Figuren, einfacher leichterer Arabesken
und kleiner landschaftlicher Anfänge.

Cl. V. A. Zeichnen zusammengesetzter Arabesken und Ornamente, auch von Contouren einzelner
Theile des menschlichen Körpers.

Dritte Stufe.

Cl. IV. B. Die Lehre von Schatten und Licht an Körpern und Arabesken veranschaulicht, Nach=
bilden solcher.

Cl. IV. A. Grundregeln der Perspective und deren Anwendung an landschaftlichen Gegenständen, so
wie ausgeführtes Zeichnen von schattirten Arabesken und vom menschlichen Körper.

Außerdem hatten Schüler der oberen Classen III., II. und I., welche sich noch weiter
im Zeichnen fortbilden und vervollkommnen wollen, wöchentlich 3 Stunden Unterricht
im Zeichnen, Mittwochs Nachmittags 1½ Stunde und ebenso Sonnabends, bei demselben
Lehrer, unentgeltlich, weil das Honorar von dem Kloster bezahlt wird. — Die Uebungen
bestehen im Zeichnen nach Gypsmodellen, in Projection=, Plan= und Maschinen=Zeichnen,
im Ausführen von Landschaften, im Aufnehmen nach der Natur, in Anleitung mit Tusche,
Kreide, Feder u. s. w. zu zeichnen.

b) Schreibübung.

Vorclasse. Lehrer der College und Ordinarius Hahn. Lehrgang halbjährig, wöchentlich 4
Stunden in der deutschen und lateinischen Schrift nach einzelnen Buchstaben, Wörtern, Sätzen.

Cl. VI. B. Lehrer der College Friedemann. Lehrgang halbjährig, in 3 Stunden wöchent=
lich. Fortsetzung der Uebung in den Grundzügen der deutschen und lateinischen Schrift, nach
Anweisung und Vorschreibung.

Cl. VI. A. Lehrer der College Friedemann. Lehrgang halbjährig, in wöchentlich 3
Stunden. Vorzugsweise wurden die Grundzüge der lateinischen Schrift geübt, namentlich
wurden nach den ersten vier Wochen kleine Sätze in dieser Schrift geschrieben, für das
Schnellschreiben mit Anwendung der amerikanischen Methode.

Cl. V. B. Lehrer der College Friedemann. Lehrgang halbjährig, in wöchentlich 2
Stunden. Fortsetzung der in Cl. VI. A. begonnenen Uebungen, vornehmlich in der Schnell=
schrift mit gefälliger und deutlicher Form der Buchstaben.

Cl. V. A. Lehrer der College Friedemann. Lehrgang halbjährig, in wöchentlich 2
Stunden. Mit Benutzung von selbstgeschriebenen Vorschriften weitere Uebungen, auch Fort=
bildung der Schnellschrift in Geschäftsaufsätzen. In den letzten sechs Wochen Nachbildung
der griechischen kleinen und großen Buchstaben in gefälliger und deutlicher Form.
(In der nächsten Classe IV. B. beginnt der Unterricht im Griechischen.)

Unterricht im Hebräischen, im Gesange, im Turnen.

a) Hebräische Sprache.

Cl. II. B. Lehrer Dr. Nathmann, 2 Stunden wöchentlich. Aus der Elementarlehre wurde das Nöthigste zu den Leseübungen, so wie das Wichtigste über Vocal- und Consonantveränderungen eingelernt, aus der regelmäßigen Formenlehre die Pronomina, das Zeitwort קָטַל, כָּבֵד und קָטֹן, die suffixa nominis, die Nominalparadigmen nebst Pluralbildung. Gelernt wurden aus dem Lesebuche von Gesenius zweihundert der gewöhnlichsten Vocabeln, im Sommer von ל bis ת, im Winter von א bis י; gelesen im Sommer nach Gesenius Lesebuche: Geschichte des Salomo I. Reg. 3, 4, 5, 10, Geschichte der Isebel I. Reg. 21 und Psalm 8, im Winter die Geschichte der Sündfluth, Genesis 6, 7, 8, aus dem Leben des Abraham, Genes. 22, des Moses in dessen Buch II, 1, 2, des David 1. Samuelis 17 und Psalm 72. Alle 14 Tage schriftliche Aufgaben in Declination, Conjugation, oder in Erklärung einzelner Verse des Gelesenen. Auch die vorkommenden Formen der unregelmäßigen Verba wurden im Winter-Halbjahre genauer durchgenommen und mit stetem Zurückgehen auf die regelmäßig zu bildende Form unter Berücksichtigung der Regeln über die schwachen Consonanten erklärt.

Cl. II. A. Lehrer während des ganzen Schuljahres College Treplin, in wöchentlich 2 Stunden. In der Formenlehre wurde mit steter Wiederholung des Lehrstücks von Cl. II. B. geübt die Conjugation der verba gutturalia, dann der verba פ״נ und א״פ, dann י״פ und ו״פ, dann ע״ו und ganz besonders ל״א und ל״ה, so daß die Unregelmäßigkeiten zurückgeführt wurden auf die regelmäßigen Formen; ferner die gesammte Declination, auch der unregelmäßigen Substantiva (§ 96). Von der Syntaxis Genaueres und Einzelneres aus den in Cl. II. B. durchgenommenen Paragraphen, ferner §§. 112, 119, 120, 123, 125 — 129, 141 — 144. — Gelesen wurden aus dem Lesebuche von Gesenius im Sommer-Halbjahre: Geschichte Simson, Richter 13 — 16, im Winter-Halbjahre: Die Geschichte Josephs, 1. Mose 37 — 45. Alle 2 — 3 Wochen wurde eine grammatische Erklärung je zweier nicht allzulanger Verse aus den gelesenen Abschnitten von den Schülern schriftlich gearbeitet und vom Lehrer corrigirt. Wörter wurden wöchentlich auswendig gelernt.

Cl. I. B. Während des ganzen Schuljahres Professor Dr. Hasse, in wöchentlich 2 Stunden. Die in den vorhergehenden Classen eingeübten Paradigmen des starken und schwachen Verbums wurden nochmals wiederholt, so wie die noch nicht gelernten (ע״ע; ע״י) hinzugefügt. Aus der Syntaxis neben Berücksichtigung der schon durchgenommenen Paragraphen noch §. 108 vom Plural, §. 129 — 111 vom Artikel, §. 121 — 122 vom Pronomen, §. 130 — 137 vom Verbum eingeübt. — Gelesen wurden Psalm 19, 23, 24, 32, 42, 46 — 50 einschließlich. — Aus der Exodus Cap. 5 — 18. Alle 3 Wochen eine schriftliche Uebersetzung und Erklärung eines gelesenen und durchgenommenen Abschnitts von 2 — 3 Versen. Wöchentlich wurden Wörter auswendig gelernt.

Cl. I. A. Lehrer der Propst D. Müller, in wöchentlich 2 Stunden. Unter häufigen Wiederholungen des früher Gelernten wurden schwerere Theile der Elementar- und Formenlehre, so wie der Syntaxis eingeübt und zur Anwendung mündlich und schriftlich gebracht. Gelesen wurden aus dem Buch II. der Könige Cap. 15 — 22 einschließlich, Psalm 38 — 45 einschließlich. Dazu nach der Abgangsprüfung zu Michaelis 1864 die aufgegebene Stelle Psalm 51, 1 — 11, und jetzt vor Ostern Psalm 5, 1—10 für die schriftliche Probearbeit, dann die bei der mündlichen Prüfung zu Michaelis und jetzt vor Ostern übersetzten Prosastellen, natürlich ebenfalls hinterher. — Alle 3 Wochen eine schriftliche Uebung in deutscher und lateinischer Uebersetzung und deutscher Uebersetzung einer Psalmenstelle.

b) **Gesangunterricht.** Lehrer **Musikdirector Ehrlich.** Gebraucht wird dessen Liederkranz, 1. u. 2. Heft und Sammlung vierstimmiger Gesänge für gemischten Chor.

In Cl. VI. B. und A. die ersten Anfangsgründe, das Singen einiger Dur-Tonleitern, leichtere Treffübungen, in jedem zweiten Vierteljahre zweistimmige leichtere Gesänge für Sopran und Alt. 2 Stunden wöchentlich. 1. Heft des Liederkranzes.

Mit Cl. V. B. in gesonderten wöchentlichen Stunden, Treffübungen, Choräle, zwei- und dreistimmig, nach dem 1. Heft des Liederkranzes.

Mit Cl. V. A. gesondert Treffübungen, Dur- und Moll-Tonleitern, Einübung von Gesängen und Chorälen, 2 Stunden wöchentlich. Hier wird das 2. Heft des Liederkranzes gebraucht.

Mit Cl. IV. B. und A. zusammen, in 2 wöchentlichen Stunden, Uebung in den Tonleitern, im Treffen, im Aufzeichnen aller Tonleitern von den Schülern und Besprechung derselben von dem Lehrer. Neben den Gesängen im Liederkranze wurden Motetten von Rolle u. A., leichtere Chöre aus verschiedenen classischen Oratorien vierstimmig eingeübt.

Von Cl. III. B. und A. wöchentlich wurden in 1 Stunde, so lange noch genug Sopranstimmen vorhanden waren, Choräle, Lieder und größere Gesänge für gemischten Chor gesungen, später wurden Oden des Horatius, von Löwe componirt, und Psalmen für Männerstimmen, von Kleine und Anderen, geübt.

Mit den besten Sängern aus den drei oberen Classen, besonders aus Cl. II. und I., wurden Männergesänge, vornehmlich Psalmen der besten Tondichter älterer und neuerer Zeit, einstudirt, 1 Stunde.

Desgleichen in einer wöchentlichen Extrastunde übten die fertigsten Schüler aller Classen besondere Gesänge, auch die zu den Redefeierlichkeiten im Kloster ausgewählten, ein.

c) **Turnunterricht.** Turnlehrer **Friedemann.**

Im Sommer wurden an den beiden Nachmittagen Dienstags und Freitags jedesmal 2 Stunden dem Turnen gewidmet auf dem schöngelegenen Turnplatze vor dem Ulrichsthore. Es wurden Turnübungen an Geräthen, und die Anfänge im Exerciren ohne Waffen, dabei die sogenannten Freiübungen vorgenommen, so wie Ball- und Ballon-Spiele, und andere; von 4—6 Uhr, in den langen und heißen Tagen von 5—7 Uhr, mit aller Vorsicht, um Erhitzung und übermäßige Anstrengung zu verhüten. Bei zu großer Hitze mußte das Turnen ausgesetzt werden. Die Oberaufsicht führte stets anwesend der D. Müller, und schwächliche und kränkliche Schüler ließ derselbe wenigstens an den meisten Freiübungen, am Exerciren und an einigen Spielen Theil nehmen, um sie etwas zu kräftigen*).

---

*) Eigenthümlich ist es, daß die der Leibesübungen am meisten bedürftigen Schüler am wenigsten geneigt sind, an denselben Theil zu nehmen, und daß man ihre Theilnahme für schädlich erklärt, ungeachtet ihre Uebungen zumeist in regelrechter Haltung des Körpers, in regelrechtem Gehen, und in sonstigen Bewegungen bestehen, ohne die Gerüste zu benutzen, indem sie diese scheuen.

Im Winter wurde an drei Tagen von 4—5 Uhr geturnt, mit den Schülern aus Cl. VI. B. und Cl. VI. A., so wie Cl. V. B. und A., welche freiwillig sich meldeten. Es wurden hauptsächlich Freiübungen und Ordnungsübungen nach der Weise von Ling angestellt. Eine Stunde außerdem diente besonders zur Ausbildung der Zugführer für das Turnen im künftigen Sommer-Halbjahre (Schüler aus Cl. I., II., III.). Diese wurden in den Hauptübungen an mehreren Geräthen, namentlich am Schwingel, am Bock, am Barren und mit Hanteln beschäftigt. Einzelne wurden in den anderen Turnstunden angeleitet, die erwähnten Freiübungen mit den jüngeren Schülern vorzunehmen. Es fehlt uns noch eine völlig zweckmäßig eingerichtete Turnhalle in der Nähe der Schulgebäude; daher die Ausbildung der Zugführer noch sehr mangelhaft bleibt.

V.

Aufgaben,

welche seit Ostern 1864 bis Ostern 1865 in deutschen und lateinischen Aufsätzen von den Schülern der drei oberen Classen nach ihren aufsteigenden Abtheilungen bearbeitet worden sind, nebst denen, welche bei der Abgangsprüfung zu Michaelis 1864 und zu Ostern 1865, — auch die mathematischen, den betreffenden Schülern gestellt worden.

A. In deutschen Aufsätzen ausgeführt.

a) Von den Schülern der Cl. III. B.

Sommer-Halbjahr: 1. Welches waren die Absichten Cäsars beim Beginne des gallischen Krieges? 2. Die Schöpfung (nach Ovidius). 3. Wie süß Horant sang, nach der Erzählung in der Gudrun. 4. Ein merkwürdiges Ferienerlebniß (Brief). 5. Das Unternehmen der Athener gegen Syrakus. — Winter-Halbjahr: 1. Erzählung von Arion (nach Schlegel). 2. Der Untergang des Reiches Juda durch Nebukadnezar. 3. Die Feuersbrunst (Schilderung nach Schillers Glocke). 4. Wodurch wurden die punischen Kriege herbeigeführt? 5. Der Verrath des Tissaphernes (nach Xenophon). 6. Nihil est simul et inventum et perfectum. Lehrer Treplin.

b) Von den Schülern der Cl. III. A.

1. Worin besteht nach der Ansicht Solon's das Glück des Menschen? (V. das Deutsche Lesebuch pag. 30.) 2. Ueber den Nutzen des Maulwurfs. 3. Ueber den Nutzen des Eisens. 4. Warum dürfen wir stets auf Gott vertrauen? 5. Bedeutung Siciliens für Rom. 6. Kurze Erzählung des ersten und zweiten schlesischen Krieges. 7. Glück und Segen des Landbaues. 8. Heinrich I., Kaiser von Deutschland. 9. Wodurch glaubte sich Cäsar von seinen Gegnern, besonders von Pompejus, in seinen Rechten verletzt? 10. Warum kann der Preuße stolz auf sein Vaterland sein? 11. Die Macht des Gewissens. 12. Warum sind Kenntnisse mehr werth als Reichthum? 13. Weshalb ist der Rhein der schönste Strom Deutschlands? 14. Welchen Einfluß übt das Klima auf die Thierwelt? 15. Welche Umstände erschwerten die Einführung des Christenthums bei den heidnischen Sachsen? (V. das deutsche

lesebuch) pag. 98 f.) 16. Wovon ist die Temperatur eines Ortes abhängig? 17. Die Saale. 18. Freuden des Winters. Professor Dr. Hasse.

c) Von den Schülern der Cl. II. B.

Im Sommer-Halbjahre: 1. a) Worauf beruht das Wohlgefallen, das wir an der Odyssee empfinden? b) Geschichtliche Bedeutung Theodorich des Großen. c) Nichtswürdig ist die Nation, die nicht Ihr Alles freudig setzt an ihre Ehre. 2. a) Die Palmen. b) Die Abassiden. c) Worauf beruht das Interesse, das wir an Stilicho empfinden? d) Der Siege göttlichster ist das Vergeben. 3. a) Ist die Braut von Messina eine Schicksalstragödie? b) Ist ein Leben ohne Ideale denkbar? c) Ist die Geschichte eines griechischen Staates für sich ein Ganzes? Im Winter-Halbjahre: 1. a) Ora et labora. b) Die Weltgeschichte ist das Weltgericht. c) Charakteristik des Hannibal. d) Charakter der Monocotyledonen. 2. a) Ende gut, Alles gut. b) Der Taucher, von Schiller. c) Der Fischer, von Göthe. d) Vergleichung zwischen dem Taucher und dem Fischer. e) Das Ottodenkmal in Magdeburg. 3. (Classenarbeiten) a) Nutzen der Geschichte. b) Segen der Schifffahrt. 4. a) Charakter der Gräfin Terzky (Schiller's Wallenstein). b) Gedanken bei dem Magdeburger Dom. c) Durch welche Mittel wirkt die Musik auf unsern Geist? Lehrer Dr. Gerland.

d) Von den Schülern der Cl. II. A.

Im Sommer-Halbjahre: 1. a) Ueber die Bedeutung und den Werth der Fabeln (Abhandlung). b) Der Schlaf und der Tod (Betrachtung). 2. (In metrischer Behandlung) a) Siegfrieds Tod. b) Der Chriemhild Rache. c) Eine Scene aus dem dreißigjährigen Kriege. 3. (Classenaufsatz) Erklärung der Synonymen: Ausrede, Ausflucht, Entschuldigung. b) Erklärung der Synonymen: Streit, Wortwechsel, Zank, Zwist, Hader. 4. a) Wodurch wurde der Verfall und der endliche Untergang Karthago's herbeigeführt? b) Rede des Catulus gegen den Manilischen Gesetzvorschlag. Im Winter-Halbjahre: 1. a) Gang der Handlung in den zwei ersten Gesängen von Göthe's Hermann und Dorothea. b) Cimons Verdienste um Athen. 2. Metrischer Versuch über den Tod des Pelopidas oder Epaminondas oder über eine Scene des siebenjährigen Krieges. 3. (Classenaufsatz) a) Kurze Darstellung des Lebens und der Thaten eines deutschen Helden aus der Zeit des Mittelalters. b) Das Leben eine Reise. 4. a) Die Gastfreundschaft im Nibelungenliede. b) In welchen Zügen des Nibelungenliedes zeigt sich Hagen besonders als der grimme? Lehrer Dr. Ortmann.

e) Von den Schülern der Cl. I. B.

Im Sommer-Halbjahre: 1. a) Ringe, Deutscher, nach römischer Kraft und griechischer Schönheit! Beides gelang, doch nie glückte der gallische Sprung. b) Vergleichung des peloponnesischen und dreißigjährigen Krieges. c) Was erkennen wir aus dem Homer als die eigentlichen Kunsttypen des Epos? 2. a) Hatte Cato Recht mit seinem Ausspruche: ceterum censeo, Carthaginem esse delendam? b) Vergleichung des Schildes des Achilles mit Schiller's Glocke. c) Vergleichung Siegfrieds und Dietrichs von Bern. 3. a) That Perikles Recht daran, die unumschränkte Demokratie in Athen einzuführen? b) Warum gelang es gerade den Franken, ein germanisches Weltreich zu gründen? c) Wie kam es, daß nach dem Tode Heinrichs III. die Stellung des deutschen Kaisers so wesentlich verändert wurde? d) Was verdankt Preußen dem dreißigjährigen Kriege? e) Wie unterscheiden sich die Charaktere der in Plato's Gorgias auftretenden Personen? f) Warum hat es das Mittelalter nicht zu einem vollkommenen Drama gebracht? Im Winter-Halbjahre:

1. a) Welches waren die Ursachen und Folgen der Züge der deutschen Kaiser nach Italien? b) Warum gelang es gerade Cäsar, die Alleinherrschaft zu erlangen? c) Wie verhält sich das horatische „nil admirari" zu dem platonischen „θαυμάζειν μάλιστα ἀνδρὸς φιλοσόφου"? 3. a) Welche Bedeutung hat das Meer für die Culturentwickelung der Griechen gehabt? b) Woburch befestigten die Römer ihre Herrschaft über die besiegten Völker? c) Welche eigenthümlichen Verdienste haben die Sachsen, und welche die Franken um die deutsche Geschichte? d) Hat man Recht, wenn man nach Longin die Ilias mit der aufgehenden, die Odyssee mit der untergehenden Sonne vergleicht? 3. (Classenaufsatz) Welchen Einfluß hat das Christenthum auf die deutsche Literatur des Mittelalters gehabt? 4. Inhaltsangabe von Plato's Phaedo.

f) Von den Schülern der Cl. I. A.

Im Winter-Halbjahre: 1. a) Vergleichende Betrachtung einiger Weinlieder aus verschiedenen Jahrhunderten. b) Woburch bewegt der Dichter alle Herzen? Woburch besiegt er jedes Element? Ist es der Einklang nicht, der aus dem Busen bringt, Und in sein Herz die Welt zurücke schlingt? (Göthe's Faust.) c) Inwiefern lernen wir durch die Kenntniß fremder Sprachen unsere eigene gründlicher verstehen? d) Kann man den Character des deutschen Volkes aus seinen Sprüchwörtern erkennen? 2. a) Warum ging die Hoffnung Klopstocks, der deutsche Homer zu werden, nicht in Erfüllung? b) Klopstocks geistige Eigenthümlichkeit aus seinen Oden entwickelt. c) Was ist ein Philister? d) Schätze hebt man schweigend. e) Für und wider den Glauben an die Vervollkommnung des Menschengeschlechts. f) Die meisten unserer Brüder sterben gemeinhin im Fragezeichen, einige im Verwunderungszeichen, viele im Komma. Wer stirbt im Punktum? (v. Hippel.) 3. a) Die Bedeutung des Lustspiels Minna von Barnhelm für die Entwickelung unserer Literatur. b) Die Bedeutung Friedrich des Großen für unsere Literatur. c) Die Grundlagen der Macht Englands. d) Woran scheiterten die Reformversuche der Griechen? e) Deutung des Gedichts: Das Mädchen aus der Fremde. Im Sommer-Halbjahre: 1. a) Tantum scimus, quantum memoria valemus: Ist dies richtig? b) Warum nennt der Dichter Heine die Odyssee das alte ewig junge Lied? c) Der Mensch ein Erzeugniß aus Vergangenheit, Gegenwart, Zukunft und Ewigkeit. d) Ueber die aurea mediocritas des Horatius. e) Vorzüge der griechischen Mythologie für den dichterischen Gebrauch. 2. a) Inwiefern bezeichnen die Kreuzzüge das Jünglingsalter der europäischen Völker? b) Welche Bande knüpfen uns an das Vaterland? c) Was du auch thust, es wird dich gereuen. d) Was sagen die Dichter in ihren Dichtungen über sich selbst? 3. a) Inwiefern trägt die Beschäftigung mit der Geschichte unseres Volkes zur Begründung und Befestigung unserer Vaterlandsliebe bei? b) Wie ist es gekommen, daß Shakspeare bei uns fast die Geltung eines nationalen Dichters erlangt hat? c) Was lernt man in der Schule des Unglücks?

B. In lateinischen Aufsätzen und Disputationsschriften.

a) Von den Schülern der Cl. II. B.

Im Sommer: 1. a) Quis Romanus Iugurthae victor habendus sit. b) Oppidi Zamae oppugnatio secundum Sall. bell. Iug. cap. 55 — 61 breviter enarretur. 2. a) Utrum Sulla an Pompejus bello major fuerit. b) Quibusnam potissimum in rebus felicitas Pompeji spectetur. — Im Winter: 1. Epaminondas Graeciae princeps (Cic.). 2. a) Graecia quibus virtutibus floruerit. b) Quibus causis factum sit, ut Catilina socios conjurationis inveniret. Dr. Ortmann.

b) Von den Schülern der Cl. II. A.

1. a) Qui factum sit, ut ingentes Persarum copiae paucitati Graecorum succumberent.)e antiquissimorum Graecorum Romanorumque armis (auct. Hom. et Virg.). 2. a) De s a L. Lucullo in Asia gestis. b) De sententia illa Ciceronis (pro Mur. §. 22), virtutem cam ceteris omnibus praestare, quid judicandum sit. 3. Oratio pro Themistocle habita.) De Mezentio contemptore deorum (Virg. Aen. 10). b) Quid Virgilius de fato senserit.
Dr. Götze.

c) Von den Schülern der Cl. I. B. während des Schuljahres.

α) In Aufsätzen.

1. Quibus causis M. Tullius Cicero videatur permotus esse, ut legem Maniliam suaderet, ritur. 2. a) Devictis Samnitibus Romani quid consecuti sint, quaeritur. b) Xenophon nodo in societatem expeditionis a Cyro adversus fratrem susceptae venerit, enarratur. e Croesi vanitate et interitu. d) Aurora musis amica. e) Sibimet ipsum imperare sumimperium est. 3. (Classenaufsatz) Illud Solonis „neminem ante obitum beatum esse" quam n sit, excellentium quorundam et Graecorum et Romanorum exemplis comprobetur. ι Quibus causis conflatum sit bellum punicum alterum, exponitur. b) Verumne sit quod Corn. Nepos in vita Themistoclis, unius viri prudentia Graecorum libertatem a Persis vindicatam. 5. a) Antiquis civitatibus discordiis nihil perniciosius fuisse demonstratur. ptimi cuiusque est, non modo erga parentes, sed etiam adversus patriam grato esse o. 6. (Classenaufsatz) Tulliani de oratore sermonis et habiti et scripti tempore exposito terque colloquentium personis adumbratis, quid et Crassus atque Antonius de dicendi arte averint, et ipse Cicero sentire videatur, exponitur.

β) In lateinischen Disputationsschriften.

1. Illud „τό ξυμφέρον δίκαιον" Graecis dico plus nocuisse quam profuisse. 2. Suo dico Hannibalem dixisse, se non tam a Romanis, quam ab ipsis Poenis esse superatum XXX, 20). 3. Themistoclem nego proditionis Pausaniae fuisse participem. 4. Reipue romanae libertatem nego post Caesaris necem potuisse restitui. 5. Recte aio Socratem ie, quod e carcere noluerit effugere. 7. Suo iure Caesarem bellum civile suscepisse ror. 7. Hannibalem maiorem Scipione fuisse imperatorem existimo. 8. Periclis instituta niensibus damno fuisse censeo. 7. Rectissime Aristippum dico admonuisse, ea esse comıda viatica, quae simul e naufragio enatarent. 10. Ciceronem in magnis viris habendum nego. 11. Brutum contendo ultimum fuisse Romanorum. 12. Pompeium nego dignum qui Magnus appelletur. 13. Poenos ex altero bello punico non tam Romanorum virquam sua ipsorum culpa inferiores discessisse contendo. 14. Scholas publicas privatis imo anteponendas esse. Oberlehrer Dr. Feldhügel.

d) Von den Schülern der Cl. I. A.

Im Sommer-Halbjahre: 1. Laudes M. Furii Camilli. 2. Demonstretur, Alexander nus quomodo in expugnando Persarum imperio fortuna adjutrice usus sit (Classenarbeit).

3. Comparentur inter se C. Julii Caesaris et Cn. Pompeji virtutes et exitus (Classenarbeit, nachdem die Abiturienten diese Aufgabe schon bearbeitet hatten). Disputationsschriften. 1. Verum patriae amorem injuriis a civibus illatis exstingui, negatur. 2.. De quarta Virgilii ecloga. 3. Comparetur principatus Atheniensium cum Lacedaemoniorum principatu. 4. Socratem et vivum et moribundum summam admirationem meruisse, exponitur. 6. Hannibalem recte fecisse exponitur, quod post proelium Cannense Romani non aggressus est. 7. Docetur, cur Mithridates, rex Ponti, adversus Romanos consilia sua exsequi non potuerit. — Im Winter-Halbjahre: Aufsätze: 1. Graecia capta ferum victorem cepit et artes Intulit agresti Latio (Horatius). 2. (Classenarbeit) Exponatur, quid videatur de proverbio illo, quo vox populi vox dei esse dicitur, comparato Horatiano illo: Interdum vulgus rectum videt, est ubi peccat. 3. Exponantur argumenta, quibus apud Thucydidem Pericles bellum suadet cum Peloponnesiis gerendum (Classenarbeit). Disputationen: 1. In Augusti ingenio et moribus plura et majora vituperanda, quam laudanda videri. 2. C. Marium reipublicae Romanae plus nocuisse, quam profuisse, exponitur. 3. Demonstratur, Catonem Uticensem non recte fecisse, quod devicto et mortuo Pompejo mortem sibi conscivit. 4. Demonstratur, Alexandrum Magnum Achillem aemulatum esse. 5. Graecorum gentes quibus rebus conjunctae, quibus sejunctae fuerint.

C. Mathematische Aufgaben für die Abgangsprüfung.

a) Zu Michaelis 1864:

1. Wenn man 1 durch das Product zweier Zahlen bividirt, so erhält man 3 als Quotienten; die Summe der beiden Zahlen beträgt $\frac{31}{18}$. Wie heißen dieselben?
2. Es sind 2 concentrische Halbkreise mit den Radien r und ρ gegeben; man soll aus dem Endpunkte des Durchmessers des größeren eine Sehne so ziehen, daß sie vom innern Halbkreise in 3 gleiche Theile getheilt werde. Welches ist der algebraische Ausdruck für den dritten Theil dieser Sehne und wie läßt sich derselbe construiren?
3. Es sind der Lage nach die 3 Fußpunkte der Höhenperpendikel eines Dreiecks gegeben; man soll dasselbe construiren.
4. Die Resultante zweier Kräfte, ihre Summe und der Winkel, den sie einschließen, ist gegeben; man soll jede derselben trigonometrisch bestimmen und den Winkel, den eine Kraft mit der Resultante bildet.

b) Zu Ostern 1865:

1. I. $(x-y)(x^2+y^2)=13$. II. $(x-y) xy = 6$.
2. Ein Dreieck soll construirt werden, zu welchem der Perimeter, die Höhe u. ein Winkel gegeben ist.
3. Ein gerader Kegelstumpf, dessen Radien sich wie 3:2 verhalten und dessen Höhe gleich dem Radius des kleinern Grundkreises ist, soll einem Kugelsegment gleich sein, dessen Höhe die halbe Länge des Kugelradius hat. Wie groß ist die Oberfläche und der Inhalt dieser Kugel, durch einen der Kegelradien ausgedrückt?
4. Wenn F den Inhalt eines Dreiecks, k den des umgeschriebenen Kreises; a, β, γ die Winkel desselben darstellen, so verhält sich $F : k = 2 \sin a \sin \beta \sin \gamma : \pi$.

VI.
Zwei Tabellen über Unterricht, Lehrstunden, Lehrer.

Besondere Bemerkung. Im Alumnat sind nach Ostern 1859 bis jetzt von den oberen Schülern desselben, den Primanern und einigen Secundanern, mit zugetheilten unteren Schülern ihrer Stuben aus Tertia und Quarta wöchentlich 4 Uebungsstunden, unter Aufsicht der Lehrer, im Lateinischen, Griechischen und in der Mathematik so gehalten worden, daß Befestigung und Fertigkeit in Grammatik durch grammatisches Erklären geeigneter Schriften und durch Abfragen von Formen und Regeln, so wie durch deren Anwendung in kurzen Extemporalien, und in den ersten mathematischen Elementen größere Geläufigkeit der Kenntniß befördert wurde.

a) Uebersicht der Lehrgegenstände und Lehrstunden aus dem letzten Schuljahre von Ostern 1864 bis Ostern 1865, besonders aus dem Winterhalbjahr.

Lehrgegenstand.	Vorcl. VII*)	VI B.	VI A.	V B.	V A.	IV B.	IV A.	III B.	III A.	II B.	II A.	I B.	I A.	Gesammtzahl.
						Wöchentliche Stundenzahl in den Classen.								
1. Religionslehre	4	3	3	3	3	2	2	2	2	2	2	2	2	32
2. Deutsche Sprache . . .	8	3	3	2	2	2	2	2	2	2	2	3 und Logik.	3 und Psych.	36
3. Lateinische Sprache . .	—	10	10	10	10	9	9	10	10	10	10	6	8	114
4. Griechische Sprache . .	—	—	—	—	—	6	6	6	6	6	6	6	6	48
5. Französische Sprache .	—	—	—	3	3	2	2	2	2	2	2	2	2	22
6. Hebräische Sprache . .	—	—	—	—	—	—	—	—	—	2	2	2	2	8
7. Rechnen u. Mathematik .	6	4	4	4	4	3	3	4	4	4	4	4	4	52
8. Geographie und aus Geschichte merkwürdige Einzelheiten	2	2	2	2	2	—	—	—	—	—	—	—	—	10
9. Geschichte mit Geographie	—	—	—	—	—	3	3	3	3	3	3	3	3	24
10. Naturbeschreibung u. Naturlehre (Physik) . . .	—	2	2	2	2	1	1	2	2	1	1	2	2	20
11. Schreibübungen . . .	4	3	3	2	2	—	—	—	—	—	—	—	—	14
12. Zeichnen	—	2	2	2	2	2	2	(3)	(3)	(3)	(3)	(3)	(3)	12, und in den oberen Classen Extra-Uebungen mehrerer Schüler.
13. Singen	—	2	2	2	2	2	1	1	(2)	(2)	(2)	(2)		14; aus den oberen Classen einige Schüler zur weiteren Fortbildung freiwillig.
Summa	24	31	31	32	32	32	32	32	32	32	32	32	32	406 Stunden.

Wegen der Verbindung je zweier Abtheilungen in Cl. VI., in Cl. IV. u. Cl. III. für den Gesangunterricht gehen 5 Stunden ab. Wirklich wurden gegeben . . . 401 Stunden.

Extrastunden zur Fortbildung im Zeichnen für Schüler der drei oberen Classen sind Mittwochs 1¼ Stunde und Sonnabends 1¼ Stunde.

Extrasingstunden für obere Schüler sind wöchentlich 2, bisweilen nehmen auch an den Uebungen für gemischten Chor einige untere Schüler freiwillig Theil.

---

*) Die Vorclasse hat noch keinen Unterricht im Zeichnen, auch noch keine besonderen Singübungen; jede erste Vormittagslehrstunde fängt mit einem leichten Gesang eines Kirchenliedverses an.

b) **Vertheilung der Lehrgegenstände unter die Lehrer im Winter-Halbjahre Michaelis 1864 bis Ostern 1865.**

Lehrer.	Vorcl. Cl. VII.	VI. B.	VI. A.	V. B.	V. A.	IV. B.	IV. A.	III. B.	III. A.	II. B.	II. A.	I. B.	I. A.
1. Der Propst und Director Müller, Ordin. v. Cl. I. A.													2 Latein 3 Griech 2 Hebr.
2. Der geistl. Inspector fehlte.													
3. Prorect. Prof. Dr. Graser, Ordinarius von Cl. I. B.								3 Bibl. u. Relig.			2 Rhet. 2 Griech.		6 Latein 3 Griech
4. Professor Dr. Hasse, Ordinarius von Cl. III. A.						3 Preuß. Geogr. u. Geschichte			2 Deutsch 7 Latein	2 Homer		2 Hebr.	
5. Professor Michaelis.											6 Griech.	3 Gesch.	u. Psycho 3 Gesch.
6. Oberlehrer Dr. Feldhügel.					6 Griech.		6 Griech.				6 Latein		
7. Oberlehrer Dr. Höhe, Ordinarius von Cl. II. A.										3 Gesch.	10 Latein 3 Gesch.		
8. Oberlehrer Dr. Uellmann.								1 Rechnen 3 Naturk.		1 Physik	1 Physik	4 Mathm. 2 Physik	4 Mathm. 2 Physik
9. Ordentl. Lehrer Dr. Ortmann, Ordin. v. Cl. II. B.							2 Relig.		2 Franz.	10 Latein 2 Franz.	2 Mathm.		
10. Ordentlicher Lehrer College Panse.				4 Rechnen 2 Naturk.	4 Rechnen 2 Naturk.	3 Rechnen 1 Naturk.	3 allgem. Arithm. 1 Naturk.	2 Naturk.					
11. Ordentlicher Lehrer College Müller.			2 Naturk.						2 Relig. 4 Mathm. u. Rechn. 2 Naturk.	4 Mathm.	4 Mathm.		
12. Ordentlicher Lehrer College Dr. Glosé.					3 Relig. 3 Franz.		6 Griech.	6 Griech.					
13. Ordentl. Lehrer Dr. Hersand, Ordin. v. Cl. III. B.		2 Naturk.				2 Geogr. u. Gesch.		10 Latein		2 Deutsch			
14. Ordentl. Lehrer Dr. Bertram, Ordin. v. Cl. IV. A.							2 Deutsch 9 Latein	3 Gesch.	4 Griech.				
15. Ordentl. Lehrer Dr. Höbel, u. am Candidaten-Convict.								3 Gesch.	3 Gesch.			3 Deutsch 4 Logik 2 Griech.	
16. Ordentl. Lehrer Dr. Rathmann, Ordin. v. Cl. VI. B.					3 Relig. 2 Deutsch 9 Latein 2 Franz.					2 Relig. 2 Hebr.	2 Relig.		
17. Ordentl. Lehrer u. College Preplin, Ord. v. Cl. V. A.				10 Latein			2 Relig. 2 Deutsch			2 Hebr.	1 Relig.	2 Relig.	
18. Ord. Lehrer Dr. Bonsen, Ordinarius von Cl. V. B.				2 Deutsch 10 Latein 3 Franz.			2 Franz.	2 Franz.					
19. Sprachlehrer Coll. Leue, Mitgl. b. Prüfungs-Comm.											2 Franz.	2 Franz.	2 Franz.
20. Predigtamts-Candidat Müller, stellvertretend, Ordinarius von Cl. VI. A.			3 Deutsch 9 Deutsch 10 Latein	3 Relig.									
21. Cand. b. höh. Schulamts Pfensee, stellvertr., Ordinarius von Cl. VI. B.		3 Deutsch 10 Latein 2 Geogr. u. Gesch.	2 Geogr. u. Gesch.		2 Deutsch								
22. College u. Ordinarius der Vorclasse Hahn.	4 Relig. 6 Deutsch 6 Rechnen 2 Schreib. 2 Geogr.												

VII.

Unterrichtsgang, Schulbesuch, Gesundheitszustand der Lehrer und Schüler.

Der Unterrichtsgang war der Zeiteintheilung nach der herkömmliche. Die Lehrstundenzeit war im Sommer von Vormittag 7—11 Uhr, im Winterhalbjahre von 8—12 Uhr, Nachmittags an 4 Tagen von 2—4 Uhr, — für die Vorclasse bloß an 3 Nachmittagen, — mit den Zwischenpausen nach den beiden ersten Vormittags-Lehrstunden und nach der ersten Nachmittags-Lehrstunde von 15 Minuten, nach der ersten und dritten Vormittags-Lehrstunde von 7 Minuten, wo denn die Schüler in den Hof gingen, die oberen bis Obertertia in den unteren Theil, die unteren Classen von Untertertia bis Sexta A. in den oberen Theil; die beiden untersten Abtheilungen, die Cl. VI. B. und die Vorclasse, deren Lehr-Zimmer in jener Gegend liegen, mit in den untersten Hoftheil. Jeder Tag begann mit einer kurzen Andacht in der Aula, welche mit Schlag 7 Uhr im Sommer, mit Schlag 8 Uhr im Winter ihren Anfang nahm.

Stellvertretungen für Lehrer fanden statt, größten Theils wegen Erkrankungen, oder wegen Unwohlseins, oder wegen einer Reise. Unter den Schülern kamen besonders im Winterhalbjahre namentlich unter den jüngeren mehrere Krankheiten vor, welche in den Kinderjahren gewöhnlich sind.

a) Stellvertretungen von Lehrern. Vertretung des Propstes D. Müller war nöthig 1864 am 4., 5. u. 6. Juli wegen erneueter Reise nach Karlsbad, außerdem nicht, sondern er hat, wie früher, andere Lehrer mit vertreten. Professor Dr. Scheele mußte nach Ostern 1864 während des neuen Schuljahres bis zum 6. Juli in 4 Stunden vertreten werden, zwei Religions-Lehrstunden gab er aber trotz seiner Leiden, in Cl. I. A., auch in jener Zeit. Später jedoch war er durchgehends vom 4. August bis gegen Ende Septembers zu vertreten und beurlaubt, und schied mit dem 1. October 1864 aus. Professor Dr. Graser im Spätjahr 1864 vom 8. bis 15. December wegen Krankheit; 1865 am 19. Januar und früh 1 Stunde am 20. Januar, zuletzt drei Tage vom 13. bis 15. Februar. Professor Michaelis am 6. Juni 1864, dann vom 4. bis 18. August einschließlich; am 15. November Nachmittags, 1865 am 9. u. 10. Januar, am 4. März Sonnabends, am 11. März Sonnabends, am 20. März Montags, — bei der so sehr wechselnden und rauhen Witterung, da er sonst schon sehr leidend ist. Oberlehrer Dr. Feldhügel am 23. Juni 1864 Vormittags, am 14. November, wegen des am Tage vorher erlebten Unfalles; am 6. Januar 1865 Nachmittags, und eine Stunde früh am 7. Januar in Folge desselben; am 15. und 16. Februar 1865 Krankheitshalber. Oberlehrer Dr. Götze vom 4. August bis 27. August wegen des verordneten Gebrauches der Karlsbader und Teplitzer Heilquellen; sonst hat er, ungeachtet seiner schmerzlichen Leiden, Nichts versäumt weder an Unterricht, noch an Correctur. Oberlehrer Dr. Leitmann wegen eines Augenleidens am 26., 27. u. 28. April 1864. Dr. Ortmann wegen Krankheit am 7. u. 8. November 1864, ebenso 5 Tage vom 5. bis 9. December, desgl. am 25. Februar 1865 Sonnabends 1 Stunde. Der ordentliche Lehrer Müller am 6. u. 7. Juni 1864 wegen Unwohlseins, ebenso am 23. Juni Vormittags; zu Anfang Octobers wegen eines todtkranken Kindes einen halben Tag, am 17. October Nachmittags wegen des Begräbnisses. Der ordentliche Lehrer Bause vom 4. bis 11. August 1864 wegen Gebrauches der Teplitzer Heilquellen und 1½ Tag im November wegen Unwohlseins. Lehrer Dr. Bertram wegen Unwohlseins am 15. August 1864 und vom 14. Februar bis 6. März 1865 einschl. wegen eines Armbruches. Lehrer Dr. Göbel am 4. August abwesend, desgl. vom 19. bis 25. August wegen einer Reise, ebenso 3½ Tag vor den Herbstferien,

2 Tage nach den Ferien; auch am 1. April nach 10 Uhr Vormittags, am 2. u. 3. April 1865. Lehrer Dr. Boysen 2 Stunden am 12. November und 2 Stunden am 14. November 1864, desgl. 1 Stunde am 14. und 1 Stunde am 15. März 1865. Der Predigtamtscandidat Müller am 10. u. 11. März (1¼ Tag) wegen einer Reise in einer Familienangelegenheit. Gymnasial= amtscandidat Jsensee 6 Tage im Januar 1865 wegen der Prüfung vor der Königl. wissenschaftlichen Prüfungs=Commission zu Berlin. 1 Stunde seit 1860 das erste Mal vertreten der Ordinarius der Vorcl. Hahn früh im December 1864.

b) Erkrankungen von Schülern. Rheumatische Leiden hatten 3 Schüler längere Zeit zu überstehen, mehrere, besonders während des letzten Winters, kürzere Zeit. Andere, doch nur wenige der jüngsten, hatten die Masern, welche meist gewöhnlich verliefen, und andere leichtere Kinderkrankheiten.

Zwei Schüler starben dem Kloster seit dem vorigen Osterfeste. 1. Zuerst der Obertertianer Max Emil Ernst Schenk, zweiter Sohn des Pastors Schenk in Dobendorf, geboren zu Zeitz am 15. Juni 1847, an der schleunigen Schwindsucht. Derselbe war seinem Bau und seinem Aussehen nach kräftig und rüstig, bekam zuerst einige Zeitlang häufiges Nasenbluten, dann plötzlich Blutspucken, so daß er ins väterliche Haus 14 Tage vor Ostern zurückkehrte; aber schon am 1. Pfingstfeiertage, dem 15. Mai 1864, erlag er dem unaufhaltbaren Uebel. 2. Am 1. Februar 1865 Mittags starb am Nervenfieber, welches aus einer Erkältung hervorgegangen war, der Obersextaner August Friedrich Winkelmann, des Schuhmachermeisters Friedrich Winkelmann hier einziger Sohn, geboren am 14. Mai 1854, evangelisch. — Beide Verstorbene hatten sich als fleißige, redliche und wohlgesittete Schüler die Liebe ihrer Lehrer und der Mitschüler, welche sie kannten, erworben. Und der Herr unser Gott hatte sie auch lieb und darum rief er sie so früh zu sich. Er der Herr tröste die Leid tragenden Eltern durch Seinen lebenskräftigen Trost und schenke ihnen die Ergebung, welche alles Schwere tragen hilft. Sagt doch sogar der heidnische Dichter Horatius Odb. I., 24: „Hart! doch leichter wird in „Ergebung, was ändern zu wollen Frevel wäre".

VIII.

Eröffnung des Schuljahres, Abgangsprüfungen, Aufnahmeprüfungen, Ertheilung von Prämienbüchern.

1. Das Schuljahr, von Ostern bis Ostern gerechnet, ward mit der Aufnahmeprüfung am Donnerstag, d. 7. April 1864, auf welche am 8. April der Beginn der Lehrstunden früh um 7 Uhr folgte, eröffnet, und jetzt am 7. April 1865 abgeschlossen. Das neue Schuljahr wird zum Montage nach der Osterfestwoche, dem 24. April, mit der Aufnahmeprüfung um 9 Uhr anfangen, worauf am 25. April 7 Uhr früh der Unterricht wieder beginnt.

2. Die schriftliche Abgangsprüfung für Michaelis 1864 wurde mit 16 Oberpri= manern am 17. August Mittwoch, am 18. August Donnerstag, am 19. August Freitag, am 20. August Sonnabend, am 22. August Montag, am 23. August Dienstag, am 24. August Mittwoch ausgeführt. Die mündliche Prüfung erfolgte, nachdem fünf Schüler von derselben dispensirt worden waren, mit den andern eilf Vormittags und Nachmittags am Montage dem 5. September, unter Vorsitz als Königlichen Prüfungs=Commissarius des Herrn Dr. theol. Generalsuperintendenten Lehnerdt, stellvertretend für den einer Kur wegen abwesenden Königlichen Provinzial=Schulrath Hrn.

Dr. Heiland. Jetzt für Ostern 1865 ward die schriftliche Prüfung mit 8 Oberprimanern am 24. Februar 1865 Freitag, am 27. Febr. Montag, am 28. Febr. Dienstag, am 1. März Mittwoch, am 2. März Donnerstag, am 3. März Freitag, am 4. März Sonnabend ausgeführt; die mündliche Prüfung ward am 13. März Vormittags bis gegen 1 Uhr Mittags, nachdem 6 Abiturienten der Prüfung enthoben worden waren, mit den beiden andern gehalten.

8. Prämienbücher wurden im Jahre 1864 den folgenden Schülern zur Anerkennung ihres gedeihlichen Fleißes und ihres Wohlverhaltens ertheilt. Zu Ostern 1864 erhielt bei seiner öffentlichen Entlassung von der Schule der Klostersenior und primus omnium unter 8 Abiturienten Johannes Schollmeyer aus Gr.-Gottern in Thüringen als Prämienbuch das biblische Real-Lexicon von Winer. Bei der Censurvertheilung u. Versetzung erhielt der in die erste Ordnung als primus omnium übergehende Oberprimaner Paul Förster aus Delitzsch, Vater in Langenwedbingen, das lateinisch-deutsche Wörterbuch von Klotz in der neuesten Auflage; Hermann Paul aus Salbke bei seiner Versetzung aus Cl. II. A. in die Cl. I. B. die Ausgabe der Ilias von Fäsi; Richard Lepper aus Schlochau in Westpreußen, Vater in Küstrin, desgleichen die Philippischen Reden des Demosthenes in der Ausgabe von Rehdantz; eben so Gotthold Bräuning aus Schwarz bei Calbe a. d. S., Vater in Schwaneberg; in Cl. II. B. bei der Versetzung in die Cl. II. A. Richard Köhler aus Alt-Salze die lateinische Stilistik für Deutsche von Nägelsbach; bei der Versetzung aus Cl. III. A. in die Cl. II. B. Friedrich Francke aus Gardelegen, Ubo Schwenke aus Calbe a. b. S. und Otto Hage aus Egeln jeder die Ausgabe des Virgilius von Ladewig; bei der Versetzung aus Cl. III. B. in die Cl. III. A. Wilhelm Storbeck aus Neuhaldensleben das lateinisch-deutsche Lexicon von Georges; bei der Versetzung aus Cl. V. B. in die Cl. V. A. Albert Wagenführ aus Schwanebeck, Vater in der A. M., das lateinisch-deutsche Lexicon von Heinichen; bei der Versetzung aus Cl. VI. A. in die Cl. V. B. Karl Cleve aus Diesdorf die ersten 3 Bändchen von Beckers Erzählungen aus der alten Welt.

Zu Michaelis 1864 wurden von 16 Abiturienten folgenden 4 bei ihrer öffentlichen Entlassung Prämienbücher zur Anerkennung ertheilt: 1. dem Paul Förster aus Delitzsch, Vater in Langenwedbingen, die neueste kritische Ausgabe des Homer von Bekker; 2. dem Maximilian Parisius aus Loburg, Vater in Krüssau bei Burg, Winers biblisches Real-Lexicon; 3. dasselbe Werk dem Wilhelm Werner aus Angern bei Wolmirstedt; 4. dem Albert Bärthold aus Nieder-Hartmannsdorf in Schlesien, Vater in Magdeburg, die Geschichte des alten Bundes von Kurz.

IX.

Frohe außerordentliche Ereignisse, welche das Kloster U. L. Fr. berührten und an welchen dasselbe Theil nahm.

1. Zuerst ist zu erwähnen, daß die durch die Eisenbahn zur Nachbarstadt von Magdeburg gewordene Stadt Burg am 11. April die Eröffnung und Einweihung des durch städtische Mittel aus der bis dahin bestandenen Realschule neu gestalteten Gymnasiums mit einem neuen Director Herrn Dr. Frick, unter Genehmigung und Mitwirkung des vorgesetzten Königlichen Provinzial-Schulcollegiums und des Königlichen Hohen Ministeriums der geistlichen, Unterrichts- und Medicinal-Angelegenheiten,

— feierte, unter Anwesenheit Sr. Excellenz des Wirklichen Geheimen Rathes und Oberpräsidenten Herrn von Witzleben. Es begann nach 12 Uhr Mittags in dem größesten Raume des Schulhauses die Feier mit Gesang, und der Herr Provinzial-Schulrath Dr. Heiland sprach die Einweihrede, welche alle Anwesende ergriff und erhob, — worauf der bisherige Rector der Realschule Herr Brohm einige Worte zu erwiedern sich erbat und darauf; nachdem wieder ein Paar Verse eines Liedes gesungen waren, der Hr. Director Dr. Frick zu seinem Amtsantritte eine Rede hielt, in welcher er seine Aufgabe und seine Grundsätze zu großer Befriedigung der Zuhörer in lebensfrischem Ausdruck zeichnete. — Die ganze Feier schloß, wie sie begonnen, mit Gesang, und es fand dann ein gemeinsames Mittagsmahl in einem gesellschaftlichen großen Saale statt, wo die lebhafte Theilnahme der städtischen und königlichen Behörden in Burg und der Geistlichen, sowie auch des damals dort stehenden Bataillons-Commandeurs und der gebildeten Einwohner sich laut aussprach und drei Stiftungen von Stipendien für bedürftige würdige Gymnasialschüler dabei ins Leben traten. — Der Verfasser dieser Nachrichten war, auf Einladung der Stadtbehörde, ebenfalls Theilnehmer an der Feier und an dem Festmahl, als der älteste Gymnasialdirector in der Provinz Sachsen und zwar seit damals 21 Jahren in der Nachbarstadt Magdeburg. — Gebe der Herr unser Gott dem aufblühenden Gymnasium zu Burg in Gnaden ein ferneres Gedeihen.

2. Zweitens nahm das Kloster U. L. Fr. durch den Propst und Director D. Müller (andere Mitglieder des Patronats hatten Abhaltung) an einer wichtigen und erhebenden kirchlichen Feier Theil, welche zu Hohenwarsleben zur dankbaren Erinnerung an Gottes Gnade und Barmherzigkeit der Herr Pastor Dr. Eiselen in Gemeinschaft mit den Kirchenrathsmitgliedern und mit den Kirchvätern am 22. Trinitatissonntage, dem 23. October 1864, veranstaltete. Im Jahre 1814, also vor 50 Jahren nun, ebenfalls am 23. October, war die Wiedereinweihung des gräulich verwüsteten aber endlich wieder hergestellten Gotteshauses zu Hohenwarsleben gehalten worden. Eine Abtheilung des Armeecorps von dem französischen Marschall Ney hatte, nach der für Preußen unglücklichen Schlacht bei Jena zur Einschließung Magdeburgs (seit d. 21. Oct. 1806) vorgerückt, Hohenwarsleben besetzt und vor dem Dorfe ein Lager aufgeschlagen. Die französischen Soldaten fielen aber am 23. October des Jahres 1806 auch über die Kirche her und zerschlugen nicht bloß die Kirchstühle zu ebenem Fußboden und trugen die Stücke derselben in das Lager, sondern rissen auch alle Emporen herunter und brachten dann die Trümmer derselben eben dahin, ja sie brachen auch die Orgel ab und nahmen die Theile derselben ebenfalls mit fort, und, um ihre Schande voll zu machen, verschonten sie nicht einmal die vor dem Altare in der Kirche vorhandene gemauerte Gruft des gräflichen Geschlechts von der Schulenburg-Bodendorf, brachten die Särge heraus und schleppten sie ebenfalls ins Lager, zerschlugen sie aus Plünderungssucht und verbrannten das Holz der Särge, um die Gebeine unbekümmert. Die Zeiten und der Druck der elenden Herrschaft des Jerome Bonaparte in dem durch Napoleon gebildeten sogenannten Königreiche Westphalen waren nicht dazu geeignet, die Kirche von ihrer Entweihung und Verwüstung herzustellen, so sehr auch die Einwohner es möglich zu machen suchten, bis die Leipziger Schlacht im J. 1813, der erste Pariser Friede so wie der Abzug der französischen Besatzung Magdeburgs am 24. Mai 1814 Hoffnung auf glückliche und völlige Wiederherstellung neu belebte. Das Kloster U. L. Fr., dem der Patronat der Kirche und Pfarre gehört, suchte, obgleich selbst sehr durch den Franzosendruck und die Verwüstung der inneren Klosterräume geschädigt, die Angelegenheit zu fördern, so daß es gelang, die wieder hergestellte Kirche an demselben Tage, wo sie so schmählich 8 Jahre vorher verwüstet worden war, am 23. October 1814 wieder zu weihen, wie dieses die Inschrift an der Orgelempore bezeugt. Gott behüte die Kirche!

3. Drittens berührte die, nicht bloß in Magdeburg sondern auch in weiteren Kreisen der Provinz Sachsen erfreuende Feier der vor 50 Jahren am 30. December 1814 von dem jetzigen Geheimen Regierungs- und Medicinalrathe Herrn Dr. med. August Wilhelm Andreä hier, kurz vor dem Schlusse des Jahres erworbenen Würde eines Doctor medicinae das Kloster U. L. Fr. sehr innig und lieb, da der geehrte Jubilar auch seit 48 Jahren Arzt des Alumnats in unserm Kloster gewesen war, und seiner Fürsorge und ärztlichen Behandlung für die Lebenserhaltung und für Gesundheit der Zöglinge so wie auch der Dienerschaft in so langen Jahren das Kloster sehr viel verdankt, so wie er selbst vom Anfange seiner hiesigen Wirksamkeit an mehreren Lehrern des Klosters bis zum heutigen Tage, auch dem Verfasser dieser Nachrichten, befreundet gewesen ist, nicht bloß als Arzt sondern auch in anderen theuren Beziehungen. Eine kurze eigene Lebensskizze hat der um das Medicinalwesen in der Provinz Sachsen so wie viele Jahre durch die Bildung vieler Aerzte und Wundärzte in der 1827 unter seiner besonderen Mitwirkung errichteten medicinisch-chirurgischen Lehranstalt zu Magdeburg und durch die von ihm dabei gestiftete und auf das angemessenste katalogisirte medicinische Bibliothek hochverdiente Greis in einer seiner vielen Schriften gegeben. S. 3. ff. „Chronik der Aerzte des Regierungsbezirks Magdeburg" u. f. w., Magdeburg bei Emil Bänsch, 1860. Er ist es auch, welcher jährlich mehrere werthvolle wissenschaftliche Schriften unserer Klosterbibliothek geschenkt hat, wenn auch meist ältere Werke, die aber ihren Werth behalten. Das Kloster drückte in Dankbarkeit seine Glückwünsche zu dem seltenen Feste dem hochgeehrten Greise in einer lateinischen poetischen Epistel aus, welche der Propst Müller und einer der ältesten Collegen des Klosters Professor Dr. Hasse nebst dem ersten Alumnatsinspector Dr. Bertram dem Jubilar am Vormittage des 30. December 1864, eines schönen sonnenhellen Tages, überreichten, doch nicht von ihm selbst, wegen eines seit mehreren Tagen eingetretenen Unwohlseins, sondern von der Frau Geheimräthin empfangen werden konnten, welche daher die auch mündlich ausgesprochenen Gefühle der innigsten Verehrung und Theilnahme dem Herrn Jubilar mitzutheilen gebeten wurde. Eine Menge andere Deputationen kamen ebenfalls und auch Se. Majestät der König hatte Seine allerhöchste Theilnahme gnädigst bewiesen, so wie der Herr Minister von Mühler und die Herren Ministerialräthe, desgleichen der Herr Oberpräs. und Wirkl. Geheimerath von Witzleben und die Königliche Regierung mit dem Herrn Präsidenten, besonders das Medicinal-Collegium, so wie die anderen Königlichen und städtischen Behörden, vornehmlich aber die promovirten Herren Aerzte Magdeburgs und des Regierungsbezirks. — Möge Gott der Herr dem Jubilar für weitere segensvolle Thätigkeit, die so lange ihm gewährte Rüstigkeit nebst der gewohnten Gemüthsheiterkeit noch lange gewähren!

X.

Feierlichkeiten, in der Kirche und in der Schule gehalten, Classenprüfung im Herbst 1864, Schulfeste.

1. Die gemeinsame Feier des heiligen Abendmahles hielten die Lehrer und Rentamtsbeamteten, die Verheiratheten nebst ihren Frauen, bezüglich auch mit den confirmirten Söhnen und Töchtern, zugleich mit den Convictcandidaten, mit den confirmirten Alumnen und mit einigen confirmirten Stadtschülern, so wie mit den am Kloster Angestellten und mit der Dienerschaft zweimal wieder im letzten Schuljahre, zuerst am 18. Juni Sonnabends 1864 und später am 22. October des-

selben Jahres ebenfalls Sonnabends in der Domkirche Vormittags 9 Uhr. Die Beichtrede hielt jedesmal Herr Generalsuperintendent Dr. Lehnerdt und spendete sodann gemeinschaftlich mit dem Herrn Prediger Weber das heilige Abendmahl. Die Feier wurde, wie gewöhnlich, beide Male am Freitage vorher Abends in der Aula des Klosters durch eine besondere Andacht vorbereitet, am 17. Juni vom Professor Dr. Scheele, das zweite Mal am 21. October vom Lehrer und Predigt= amts=Candidaten Dr. Rathmann, die Nachfeier Sonnabends Abends 8 Uhr hielt beide Male der Lehrer und Predigtamts=Candidat Treplin.

2. Oeffentliche Redefeierlichkeit mit abwechselnden Gesängen
in der Aula des Klosters Unser Lieben Frauen

zur öffentlichen Entlassung von 16 Oberprimanern für die Universi= tätsstudien und andere Studien, gehalten am 22. September 1864, Donnerstags, Abends 6 Uhr.

1. **Einleitungsgesang**, vierstimmig. Aus Psalm 95 Vers 6 und 7. Tonsetzung von Men= belssohn=Bartholdy.
   Kommt, lasset uns anbeten, und knieen vor dem Herrn, und niederfallen vor Ihm, der uns gemacht hat; — denn Er ist unser Gott und wir das Volk seiner Weide und Schafe seiner Hand.
2. **Eröffnungsgedicht.** Karl Ebers aus Neukirchen bei Seehausen in der Altmark.
3. **Gesang**, in zwei Stimmen. Aus Schillers Glocke, nach Rombergs Tonsetzung.
   Heil'ge Ordnung, segensreiche — Himmelstochter, die das Gleiche, — frei und leicht und freudig bindet, — die der Städte Bau gegründet, — die herein von den Gefilden — rief den ungesell'gen Wilden, — eintrat in der Menschen Hütten, — sie gewöhnt zu sanften Sitten, — und das theu= erste der Bande — wob, den Trieb zum Vaterlande.
4. **Deutsche Rede.** Ueber Niebuhrs Wort: Griechenland ist das Deutschland des Alterthums. Paul Förster aus Delitzsch (Eltern in Langenwedbingen); geht ab.
5. **Lied für gemischten Chor.** Dichtung von Max v. Schenkendorf, Melodie v. Groß.
   Wo sich Gottes Flamme in ein Herz gesenkt, das am alten Stamme treu und liebend hängt; wo sich Männer finden, die für Ehr' und Recht muthig sich verbinden, weilt ein frei Geschlecht. — Das ist rechtes Glühen, frisch und rosenroth; Heldenwangen blühen schöner auf im Tod. Wol= lest auf uns lenken Gottes Lieb' und Lust, wollest gern dich senken in die teutsche Brust. — Freiheit, die ich meine, die mein Herz erfüllt, komm mit deinem Scheine, süßes Engelsbild! Frei= heit, holdes Wesen, gläubig, kühn und zart, hast ja lang erlesen Dir die teutsche Art. —
6. **Deutsche Rede.** Die Schlachten bei Brienne und bei La Rothière im Winter 1814, und deren Folgen. Maximilian Parisius aus Coburg. (Die Eltern in Krüssau bei Burg); geht ab.
7. **Gesang für gemischten Chor.** Lied von Wilhelm Hauff, Melodie vom Musikdirektor Ehrlich.
   Ferne in der fremden Erde ruhet ihr bei eurem Schwerte in des Todes sichrer Huth; Heil'ger Frieden lohnt die Müden nach des Tages heißer Gluth. — Feindesabler saht ihr fallen, hörtet Siegsgedonner schallen, als der Tod das Auge brach: Heil Euch Lieben! Träumet drüben von

des Sieges goldnem Tag. — Fern von eurem Siegesthale denken wir beim Todesmahle innig Eurer Siegesschaar; und wir gießen, Euch zu grüßen, Thränen auf den Festaltar.

8. **Lateinische Rede.** Ueber den Kampf bei Paris 1814, dessen Uebergabe an die Verbündeten und ihr Einzug. Wilhelm Werner aus Angern bei Wolmirstedt; geht ab.

9. **Gesang,** Choral, vierstimmig, Tonsetzung von J. G. Schicht.
Dir, Gott der Macht und Herrlichkeit, sei Lob und Preis und Ehre, Dir singt der Weltkreis weit und breit, Dir jauchzen Engelchöre. O hör' in Deiner Allgewalt auch gnädig, was der Staub Dir lallt, was Menschenlippen singen! Und nimm Du Retter in Gefahr des Freudenopfers gnädig wahr, das unsre Herzen bringen. —
Von Dir geht Heil und Segen aus, von Dir Triumph im Streite; Du sendest Deine Helden aus und kämpfst an ihrer Seite. Du sahst das deutsche Vaterland gefesselt von Tyrannen-Hand, von hartem Joch umschlungen: da rieffst Du Streiter groß und frei und brachst das Joch der Sklaverei, Du hast den Sieg errungen.

10. **Lateinisches Gedicht in alcäischem Versmaße.** Die Standhaftigkeit des Heldenkönigs Friedrich Wilhelm III. — Moritz Tacke aus Halberstadt. (Eltern in Westdorf bei Aschersleben); geht ab.

11. **Vierstimmiger Gesang,** Choral mit Tenor-Solo, von Doles. (Worte aus 1. Mos. 32, 10.) Herr, Herr, Herr! „Ich bin zu geringe aller Barmherzigkeit und Treue, die du an deinem Knecht gethan hast."

12. **Französische Rede.** Ueber den wahrhaft deutschen Sinn von Ernst Moritz Arndt. Paul Grubitz aus Magdeburg; geht ab.

13. **Gesang in Männerstimmen.** Lied von Ernst Moritz Arndt. (Melodie volksmäßig.) Wem teutsches Blut in seinen Pulsen brennet, wer Herrmanns und Thuiskons Sohn sich nennet, wer gegen Knechtschaft wilde Rache sprühet und für der Freiheit Zauber heiß erglühet, der trete männlich stolz herbei und rufe: „Teutsche macht euch frei!" — Der trete betend an des Tempels Stufen, und, wenn er Gott in Demuth angerufen, so weih' er muthig seines Armes Stärke der Wahrheit Kampf, dem heiligsten der Werke, und schaue wild ins Volk hinein: „Ihr wollt noch feige Knechte sein"?!
Der lasse Tand und Ehre dieser Erde; der werfe weg unmännliche Beschwerde, der trotze wild, ein rauher Fels im Meere, dem Vaterlande eine teutsche Wehre, den Fremden ein ergrimmter Leu! So wird die teutsche Heimath frei.

14. **Abschiedsworte.** Im Namen aller Abgehenden Ludwig Behrens aus Quitzow bei Perleberg (Mutter in Magdeburg); geht ab.
Erwiederungsworte. Im Namen der zurückbleibenden Schüler Willy Brook aus Magdeburg.

15. **Abschiedslied.** Nach der Choralmelodie: Wachet auf u. s. w., bearbeitet von Mendelssohn-Bartholdy.
An des Strebens Ziele sehen wir Euch, o Brüder, scheidend stehen und sehen euch voll Liebe nach. Zu dem höhern Ziele hebet ihr euch empor; wohlan, ihr strebet voran, wir folgen einst euch nach. Lebt wohl, Euch leite Gott! Euch segne, segne Gott! Treu und standhaft lebt Eurer Pflicht und wanket nicht, die Treuen nur schau'n Frucht der Saat. —

Entlassung der Abgehenden durch den Propst D. Müller. Die Anrede an die Schüler behandelte die Ermahnung des Apostel Paulus 1. Cor. 10, 12: „Wer sich lässet dünken er stehe, mag wohl zusehen, daß er nicht falle" und schloß an die Worte des Apostels an die Römer 11, 20 und an die Phil. 2, 12 und schilderte die Gefahren des Leichtsinns für den Jüngling auf dem durch die Sünde schlüpferig gewordenen Boden des irdischen Lebens und wies hin auf die Mittel, denselben zu bekämpfen und zu bewältigen.

16. **Schlußgesang.** Choral. Aus dem Liede Nr. 127 des Domgesangbuches, Strophe 9.

Dein Wort, o Herr, laß' allweg sein die Leuchte unsern Füßen; erhalt' es bei uns klar und rein; hilf, daß wir draus genießen Kraft, Rath und Trost in aller Noth, daß wir im Leben und im Tod beständig darauf trauen.

3. Ein Schülerconcert hat im verflossenen Schuljahre, — wie noch vor wenigen Jahren — weder der Musikdirector Ehrlich (seit 5 Jahren nicht), noch ein anderer Lehrer veranstaltet.

4. Die Privatprüfung der Classen vor dem Lehrercollegium ward im Herbst 1864 am 19. u. 20. September, Montag und Dienstag, Vormittags von 7—12¼ Uhr, Nachmittags von 2—6 Uhr ausgeführt. Das Ergebniß ward am 26. September, Montags, aus den während der Prüfung in einer Tabelle aufgezeichneten Bemerkungen des Propstes den Schülern mitgetheilt und über den Fleiß und das Betragen derselben während des Sommerhalbjahres die Urtheile der Lehrer Classe für Classe, zuletzt ward, allemal nach Austheilung der Censuren, die Versetzung in die jedesmalige höhere Classe oder Abtheilung bekannt gemacht.

Zu derselben Zeit nahm Dr. Karbaum, welcher zu Ostern 1864 erst eingetreten war, vom Kloster Abschied um nach Ratibor abzugehen. Der Propst Müller erwiederte seine Abschiedsworte auf Grund der Mahnung im Jacobusbriefe 4, 13—15.

5. Von den beiden Alumnenfesten ward das Kreuzhorstfest am 12. August 1864 äußerst fröhlich gefeiert, da die Witterung bei zwar meist bewölktem Himmel günstig aushielt und für die Wettspiele der Alumnen recht förderlich war. Die Rückfahrt fand auf der Eisenbahn von dem Halteplatz bei Westerhüsen aus Abends statt. Der Klosterball fand am 10. Februar 1865 Freitag Abends von 6 Uhr bis nach 1 Uhr statt, durch ein frugales Abendbrot kurz nach 10 Uhr unterbrochen. Gäste, Lehrer und Schüler schienen in einfacher Heiterkeit sehr befriedigt.

XI.

Statistische Uebersicht.

Abgegangene Schüler. Die vielen Schüler, welche vom Kloster U. L. Fr., ohne Abgangsprüfung zur Erwerbung des Zeugnisses der Reife für Universitätsstudien und für andere höhere Bildungsanstalten, gegen Ostern 1864 und später zu sehr verschiedenen Berufsarten, oder auf andere Schulen, abgegangen sind, werden nur in den statistischen Tabellen, nach den verschiedenen Arten halbjährlich verzeichnet, der Königlichen Behörde eingereicht. Hier werden bloß diejenigen namentlich aufgeführt, welche als Oberprimaner die Abgangsprüfung bestanden haben.

Zu Ostern 1864 wurden 8 solche Schüler öffentlich entlassen, zu Michaelis desselben Jahres 16.

a. Am 21. März 1864 wurden in öffentlicher Feierlichkeit entlassen: 1) Johannes Schollmeyer aus Groß-Gottern in Thüringen, des daselbst verstorbenen praktischen Arztes Herrn Dr. med.

Wilhelm Schollmeyer älterer Sohn, geboren am 24. Juni 1844, evangelisch, ward zu Neujahr 1858, bis dahin Schüler des Gymnasiums zu Mühlhausen, in die Oberquarta des Klosters und als Alumnus aufgenommen, so daß er die Anstalt im Ganzen 6½ Jahre besuchte, 2 Jahre in Prima, entschlossen Theologie zu studiren; 2) Gustav Adolph Riebel aus Quenstedt bei Aschersleben, des dortigen Kaufmanns Herrn Wilhelm Riebel dritter Sohn, geboren am 11. Juli 1843, evangelisch, ward zu Ostern 1856 in unsere Unterquinta aufgenommen, zu Michaelis 1858 in den Alumnat, daher zusammen 8 Jahre in unserer Schule, zwei derselben in Prima, entschlossen, sich den Studien der Theologie zu widmen; 3) Carl Ferdinand Ottomar Adolph Ubo Schulz aus Büren bei Paderborn, des Königlichen Kreisgerichts=Directors Herrn Ubo Schulz zu Genthin ältester Sohn, geboren am 13. Juni 1842, evangelisch, ward, nachdem er vorher das Gymnasium zu Paderborn besucht hatte und darauf noch ein halbes Jahr in einer Privatschule zu Genthin vorbereitet worden war, zu Ostern 1856 in unsere Oberquarta, zu Michaelis jenes Jahres aber in den Alumnat aufgenommen, gehörte demnach dem Kloster U. L. Fr. im Ganzen 8 Jahre an, der Prima zwei Jahre, und hatte sich vorgenommen, die Rechte zu studiren; 4) Gustav Hermann Schmelzer, gebürtig von der Commende Bergen bei Seehausen im Magdeburgischen, des Oeconomieamtmanns Herrn Carl Schmelzer zu Groß=Wanzleben jüngerer Sohn, geboren am 12. Mai 1843, evangelisch, vorbereitet in der Privatschule des damals zu Groß=Oschersleben im Privatunterrichte thätigen Dr. phil. Urbich, ward zu Ostern 1853 in unsere Untersexta aufgenommen, später in den Alumnat, hat demnach im Ganzen 11 Jahre, in Prima 2 derselben, die Anstalt besucht, und trat beim Abgange in ein Königliches Infanterieregiment zur Beförderung ein; 5) Emil Edmund von Thermann aus Gollma bei Halle a. S., des Rittergutsbesitzers Herrn Freiherrn Wilhelm von Thermann zweiter Sohn, geboren am 17. September 1842, evangelisch, kam von der lateinischen Hauptschule des Waisenhauses zu Halle a. S. zu Ostern 1858 zu uns, und ward, schon im 16. Lebensjahre stehend, in unsere Untertertia und zugleich in den Alumnat aufgenommen, war daher im Ganzen 6 Jahre Schüler des Klosters U. L. Fr., in Prima zwei derselben, und studirt die Rechte; 6) Georg Friedrich Wilhelm Behrens aus Luitzow bei Perleberg, des zu Schönhagen bei Havelberg verstorbenen Pastors Herrn Johann Nicolaus Behrens zweiter Sohn, geboren am 26. Januar 1841, evangelisch, ward, von seinem Vater vorbereitet, zu Michaelis 1855 in unsere Unterquarta aufgenommen, zu Pfingsten 1861 verließ er als Obersecundaner auf den Wunsch seiner Mutter die Schule, trat aber zu Michaelis desselben Jahres wieder in jene Classe ein, wurde zu Ostern 1862 in die Prima versetzt, welche er 2 Jahre lang besuchte, war demnach zusammen etwas über 8 Jahre unser Schüler, und studirt jetzt Theologie; 7) Erich Carl Schulz aus Groß=Wanzleben, des dortigen Königlichen Rechtsanwalts Herrn Carl Schulz ältester Sohn, geboren am 4. December 1843, evangelisch, ward, auf der Bürgerschule seiner Vaterstadt vorbereitet, zu Ostern 1855 in unsere Unterquinta aufgenommen, gehörte demnach dem Kloster U. L. Fr. im Ganzen 9 Jahre an, in Prima 2 Jahre, entschlossen sich den Studien der Medicin zu widmen; 8) Heinrich Andreas Böcker aus Uhrsleben bei Erxleben, des dortigen Feldgutsbesitzers Herrn Peter Böcker dritter und jüngster Sohn, geboren am 1. November 1841, evangelisch, war zuerst in der Ortsschule vorgebildet, darauf in der alten Bürgerschule zu Magdeburg, wo er zuletzt in der 2. Classe seinen Platz hatte, und ward, damals schon gegen dreizehn und ein halbes Jahr alt, in unsere Untersexta zu Ostern 1855 aufgenommen, war daher 9 Jahre lang unser Schüler, 2 derselben in Prima, und studirt Medicin.

b. Am 22. September 1864 wurden ebenfalls in öffentlicher Feierlichkeit folgende 16 Ober=

primaner entlassen: 1) Arthur Paul Förster, aus Delitzsch, des Superintendenten a. D. Pastors zu Langenweddingen im Kreise Wanzleben Herrn Friedrich Förster fünfter Sohn, geb. am 14. Nov. 1844, ward durch Privatunterricht des Vaters vorbereitet und zu Ostern 1857 in unsere Unterquinta aufgenommen, genoß den Unterricht unseres Klosters überhaupt 7¼ Jahr, in Prima 2 Jahr, studirt Philologie; 2) Maximilian Adolph Parisius, des Pastors Herrn Adolph Parisius zu Krüssau bei Burg ältester Sohn, geboren in Loburg am 17. August 1845, evangelisch, ward, von seinem Vater vorbereitet, zu Michaelis 1857 in die Unterquarta und zu Ostern 1858 in den Alumnat aufgenommen, hat im Ganzen die Anstalt 7 Jahr lang besucht, in Prima 2 Jahre, und studirt Theologie; 3) Wilhelm Friedrich August Werner aus Angern bei Wolmirstedt, des dortigen Pastors Herrn Wilhelm Werner zweiter Sohn, geboren am 7. Nov. 1844, evangelisch, ward, in der Vorbildungsanstalt des Vaters vorbereitet, zu Ostern 1859 in unsere Oberquarta aufgenommen, hat den Unterricht unseres Klosters fünf und ein halbes Jahr, zwei in Prima, genossen, und widmet sich den Studien der Theologie; 4) Paul Richard Waldemar Mosel aus Althaldensleben, des dortigen Buchhalters und Inspectors Herrn Wilhelm Mosel älterer Sohn, geb. am 11. Mai 1842, evangelisch, ward, in der Bürgerschule zu Neuhaldensleben vorgebildet, zu Ostern 1856 in unsere Unterquarta, damals gegen 14 Jahr alt, aufgenommen, hat das Kloster zusammen 8¼ Jahr, zwei derselben in Prima, besucht, studirt Theologie; 5) Anton Friedrich Theodor Salzmann aus Wiehe in Thüringen, des Pastors zu Rothenburg a. S. Herrn Hermann Salzmann älterer Sohn, geb. am 15. Juli 1844, evangelisch, ward zuerst durch Privatunterricht, dann in der Klosterschule zu Donndorf in Thüringen (Proggymnasium) vorgebildet und in unsere Untertertia zu Ostern 1858 aufgenommen, als Obertertianer zu Michaelis 1859 in den Alumnat, hat den Unterricht des Klosters überhaupt 6¼ Jahr genossen, in Prima zwei Jahre derselben, studirt Theologie; 6) Hans Paul Grubitz aus Magdeburg, des daselbst verstorbenen Königlichen Justizraths Herrn Franz Grubitz einziger Sohn, geboren am 17. December 1844, evangelisch, in der städtischen Vorbereitungsschule Magdeburgs vorgebildet, ward zu Ostern 1854 in unsere Untersexta aufgenommen, war zusammen 10¼ Jahr Schüler des Klosters, zwei derselben in Prima, widmet sich den Studien der Medicin; 7) Eduard Leopold Rudolph Thiemann, des Pastors in Loitsche bei Wolmirstedt Herrn Wilhelm Thiemann zweiter und jüngerer Sohn, geb. daselbst am 12. December 1843, evangelisch, ward, von seinem Vater vorbereitet, zu Ostern 1855 in die Obersexta aufgenommen, gehörte als Schüler dem Kloster 9¼ Jahr an, in Prima 2 Jahre, widmet sich den Rechtsstudien; 8) Julius Leopold Müller, des Gastwirths Carl Müller zu Magdeburg einziger Sohn, geboren daselbst am 21. Mai 1843, evangelisch, besuchte die damalige Seminarschule in Magdeburg und ward zu Michaelis 1853 in unsere Untersexta aufgenommen. Als Obersecundaner verließ er die Schule 4 Monate lang vom 7. Januar 1862 an, kehrte dann zurück, besuchte im ganzen das Kloster 11 Jahre, weniger 4 Monate, studirt Medicin; 9) Heinrich Albert Leopold Bärthold, des Königl. Consistorialraths Herrn Albert Bärthold zu Magdeburg einziger Sohn, geb. zu Nieder-Hartmannsdorf im Kreise Sagan von Schlesien am 7. August 1843, evangelisch, besuchte früher das Gymnasium zu Glatz 7 Jahre lang, ward zu Michaelis 1862 in unsere Unterprima aufgenommen, hat dennoch im Ganzen 9 Jahre lang Gymnasialunterricht genossen, in unserem Kloster als Primaner 2 Jahre lang, widmet sich dem Studium der Theologie; 10) Edwin Friedrich Carl Wilhelm Schuster, des Pastors Herrn Wilhelm Schuster in Stadt Hadmersleben jüngerer Sohn, geboren in Sandau an der Elbe am 5. September 1842, evangelisch, ward, von seinem Vater vorgebildet, schon vierzehn und ein halbes Jahr alt, zu Ostern 1857 in unsere Unterquarta aufgenommen, gehörte mehrere Jahre dem Alumnate an, dem Kloster überhaupt 7¼ Jahre, in Prima 2 Jahre, widmet sich den Studien der Theologie; 11) Friedrich Mattin Cochius, aus Werber auf Rügen, des Königl. Oberförsters Herrn Adolph Friedrich Cochius zu Wolmirstedt, dann zu Magdeburg, ältester Sohn, geb. am 10. November 1844 und, durch Hauslehrer vorbereitet, zu Michaelis 1855 in die Oberquinta aufgenommen, 1856 als Unterquartaner in den Alumnat, besuchte zusammen das Kloster 9 Jahre lang, zwei derselben in Prima, genügt zunächst der Militairpflicht und widmet sich dann der Forstwissenschaft; 12) Walther Fabricius, des Kaufmanns in Magdeburg Herrn Albert Fabricius zweiter Sohn, geb. daselbst am 1. Nov. 1842, evangelisch, erhielt seine Vorbildung in der städtischen Vorbereitungsschule, ward zu Michaelis 1852 in unsere Unterserta aufgenommen, zu Weihnacht 1859 in den Alumnat, war demnach 12 Jahre lang in unserem Kloster, die beiden letzten in Prima, studirt die Rechte; 13) Moritz Ernst Tacke, des Pastors Herrn Friedrich Tacke zu Westdorf im Kreise Aschersleben, ältester Sohn, geb. am 5. März 1843 zu Halberstadt, evangelisch, besuchte die Realschule in Aschersleben von Michaelis 1851 an, ward zu Ostern 1855 in die Quinta des Gymnasiums zu Quedlinburg aufgenommen, von wo er zu Michaelis 1862, damals schon Primaner, in die Unterprima des Klosters überging, so daß er Gymnasialunterricht 9¼ Jahr gehabt hat, im Kloster zwei Jahr als Primaner, studirt Medicin; 14) Friedrich Wilhelm Ludwig Schattenberg, des in Magdeburg verstorbenen Hauptcassenrendanten der Magdeburg-Leipziger-Eisenbahn-Gesellschaft Herrn Wilhelm Schattenberg Sohn, geboren zu Burg am 3. März 1844, besuchte daher zuerst die Realschule daselbst, ward aber, nach der Anstellung seines Vaters in Magdeburg, zu Ostern 1854 in die Oberserta des Klosters aufgenommen, war demnach im Ganzen 10¼ Jahre lang Schüler desselben, 2 Jahre in Prima, studirt Medicin; 15) Ludwig Emil Edmund Behrens, des zu Schönhagen bei Havelberg verstorbenen Pastors Herrn Johann Nikolaus Behrens dritter Sohn, geb. den 20. November 1842 zu Quitzow bei Perleberg, evangelisch, ward, schon 14½ Jahr alt, von seinem Vater vorbereitet, zu Ostern 1857 in die Unterquarta des Klosters aufgenommen, als Untertertianer zu Ostern 1859 in den Alumnat, hat demnach das Gymnasium 7 und ein halbes Jahr besucht, 2 Jahre in Prima, widmet sich den Studien der Theologie; 16) Bernhard Friedrich Rudolph Bauerhorst, des Pastors zu Klein-Germersleben Herrn Rudolph Bauerhorst ältester Sohn, geboren zu Stendal am 6. Februar 1844, evangelisch, ward, von seinem Vater vorgebildet, zu Michaelis 1856 in die Unterquarta des Klosters aufgenommen, zu Michaelis 1860 als Untersecundaner in den Alumnat, hat überhaupt das Kloster 8 Jahre lang, zwei Jahre in Prima, besucht, und widmet sich den Studien der Forstwissenschaft.

Verzeichniß der Klosterschüler

welche nach Neujahr 1865 der Anstalt angehörten, nachdem schon mehrere Schüler zu anderen Bestimmungen abgegangen waren.

Die Namen der Alumnen, 72 an der Zahl, sind mit dem Zeichen * versehen. Ein eingeschlossener Ortsname zeigt den jetzigen Wohnort der Eltern an; M. ist Magdeburg, NN. Neue Neustadt, AN. Alte Neustadt.

Ober=Prima (23).

*Karl Ebers a. Neukirchen b. Seehausen i. b. A.=N.
Adolph Dietz a. Mainz (jetzt Aachen).
*Hugo Müchel a. M.
*Paul Jung a. Werneuchen b. Berlin.
William Brool a. M.
Emil Klapproth a. M.
*Erich Stolze a. Debisfelde (Taterberg).
Gustav Lohe a. M. (Gommern).
*Theodor Schrader a. Salbke.

*Otto Matte a. Beetzendorf (Seehausen in der Altmark).
*Friedrich Fromme a. Neuhaldensleben.
*Gustav Fricke aus Hornhausen.
*Otto Salau a. Tangermünde (NN.).
Ernst Briesen a. Böhne b. Rathenow.
Hermann Schuster a. M.
Richard Oelkers a. M.
*Friedrich Braune a. Carow b. Genthin.

*Franz Richter a. Groß-Oschersleben.
Anton Riebel a. Quenstedt b. Aschersleben.
*Paul Brauns a. Wanzleben.
*Albert Brenning a. Wülfingerode (Aßendorf).
Gilbert Stüber a. M.
*Otto Saran a. Altenplathow b. Genthin.

Unter=Prima (27).

Hermann Paul a. Salbke.
*Richard Pepper a. Schlochau i. Westpr. (Küstrin).
*Gotthold Bräuning a. Schwarz bei Calbe a. S. (Schwaneberg).
Georg Otto a. Loburg.
Albrecht Kühne a. M.
Albert Bauermeister a. Kl.-Germersleben. (Osterwebbingen.)
Karl Hahn a. Staßfurth (M.).
*Louis Blath a. Bockelnhagen b. Nordhausen.

*Ulrich Cochius a. Werder auf Rügen (M.).
*Emil Schwarzenberg a. Sydow b. Genthin (Memleben in Thüringen).
*Paul Lüder a. Pr. Oldendorf b. Minden.
*Friedrich Patzschke a. Gesell b. Hof.
*Reinhold Döring a. Dähre b. Salzwedel.
Karl Naßmann a. Halberstadt (M.).
Otto Harte a. M.
Robert Schneider a. Sommerschenburg (M.)
*Wilhelm Martius I. a. Erxleben.

Otto Begrich a. NN.
*August Niemann a. Biere (Löberburg).
Ernst Heydemann a. Memleben i. Thür.
Hermann Gölbner a. M.
*Johannes Martius II. a. Erxleben.
*Ernst Winter a. Stolzenhayn b. Jüterbogk.
August Decker a. Markt-Alvensleben.
*Gottfried Klingemann a. Höxter.
*Hugo Rothert a. Preuß. Oldenborf bei Minden.
Karl Frick a. Burg.

Ober=Secunda (20).

*Johannes Bauerhorst a. Stendal (Kl.-Germersleben).
*Max Benzler a. Ilsenburg.
Albert Brenning a. Egeln (M.).
*Adolf Diebelt a. Bleicherode.
Johannes Fischer a. Arneburg i. AM.
Eduard Francke a. M.
Paul Jenrich a. M.
*Hermann Jentsch aus Audenhain (Kließchen b. Torgau).

*Johannes Jentsch a. M.
Reinhard Jordan a. Prester.
*Richard Köhler a. Alt-Salze.
August Lesser a. Salzwedel (M.).
*Eduard Meinecke a. Harsleben (Ummendorf).
*Hermann Parisius a. Loburg (Krüssau b. Burg).

Hermann Ritter a. Merseburg (M.).
*Theodor Schlaaff a. Stolzenhayn bei Jüterbogk (NN. (M.).
Paul Senbler a. NN. (M.).
Philipp Wegener a. Neuhaldensleben (Olvenstedt).
Otto Werner a. Nigern b. Wolmirstedt.
Robert Wiese a. M.

Unter=Secunda (33).

Karl Bräuning a. Schwarz a. S. (Schwaneberg).
*Georg Faber a. Zipfeleben.
Friedrich Francke a. Gardelegen.
Hermann Frank a. Ermsleben (M.).
*Wilhelm Franz a. Eggenstedt b. Seehausen im Magdeburgischen.

Max v. Gordon a. Breslau (M.).
Otto Hage a. Egeln.
*Wilhelm Haushahn a. Wernigerode (Genthin).
Ernst Hesse a. Wespen b. Barby (Seehausen i. b. Altmart).
Friedrich Holländer a. Wolmirstedt (M.).

Bruno Jahns a. M.
*Johannes Jasper a. Sommersdorf (Wormsdorf im Magdeb.).
*Franz Jentzsch a. M.
*Friedrich Kränzlin a. M.
*Friedrich Kühne a. Wolmirstedt.
Hermann Lehmann a. M.

*Heinrich Müller a. Ummendorf (Neu-
    halbensleben).
*Max Münnich a. Egeln.
*Paul Rethe a. Burg.
Otto Peust a. Büßer a. b. H. (Colbiß).
*Richard Rosenthal a. Benneckenstein
    (Perleberg).
Louis Schneidewind a. Kl.-Germersleben.

August Schneidewind a. Klein-Germers-
    leben.
*Sigismund Schraber a. Salbcke.
*Friedrich Schultieß a. Druxberge bei
    Eichenbarleben.
Clemens Schulze a. Altenweddingen.
Udo Schwenke a. Calbe a. S.
Emil Steffens a. M.

*Hermann Steinwirter a. Gr.-Wanzleben.
*Max Strauß a. Schermcke bei Groß-
    Aschersleben.
*Paul Walther a. Wolmirstedt (Schön-
    fließ b. Königsberg i. d. NM.)
*Oswald Wenzel a. M. (Burg).
Justin Zacke a. Naumburg (M.).

Ober-Tertia (50).

Karl Arends a. Münster (M.).
*Johannes Barleben a. Kläden (Ma-
    rienborn).
Max Bauer a. M.
Emil Baumgarten a. Güts.
*Bernhard Behrens a. N.-Germersleben.
Heinrich Bloc? a. Roßla i. Harz (M.).
Franz Döring a. Dähre b. Salzwedel.
Albert Ficke a. Nord-Germersleben.
*Paul Frantz a. Genthin.
Franz Frese a. Garbelegen.
Guido Freye a. M.
*Albrecht Freyer a. Zizenow (Randau).
Richard Friese a. Sudenburg.
Adolph Gebler a. Leißkau (Köthen).
Felix v. Gronefeld a. Oppeln (M.).
Gustav Hesse a. Genthin.
Lothar Jasper a. Sommersdorf i. Mag-
    deburgischen.
Eduard Koch a. Hettstedt (M.).

Anton Kuthe a. Egeln.
Paul Lesser a. Salzwedel (M.).
*Rudolph Lingner a. Babeleben (Groß-
    Germersleben).
Robert Linnide a. M.
Friß Löffler a. Frankfurt a. O. (M.).
Adolph Wahrenholz a. Etgersleben bei
    Egeln.
Gustav Meyer a. Winzingerode (M.).
Franz Müller a. Gottesgnad. b. Calbe a. S.
Eduard Münchmeier a. Kl.-Rodensleben
    b. Wanzleben.
Emil Niedhardt a. Quedlinburg (M.).
*Adolf Parisius a. Loburg (Krüssau bei
    Burg).
Albrecht Pfeiffer a. M.
Albert Priebe a. Genthin.
Ernst Rabe a. M.
Oswald Riemann a. Garbelegen.
Hermann Roth a. Heiligenstadt (M.).

Theodor Rückert a. Genthin (NM.)
Otto Rückert a. Burg (NM.)
Karl Rückmann a. Calbe a. S.
Max Schäper a. Etgersleben (Groß-
    Wanzleben).
Richard Schaumburg a. Genthin (See-
    hausen b. M.).
*Hermann Schulze a. Schönebeck.
Max Sombart a. Hattingen (M.).
Konrad Steinbrecht a. Tangermünde
    (Gutenswegen).
Albert Steinwirker a. Gr.-Wanzleben.
*Wilhelm Storbeck a. Neuhaldensleben.
Gustav Stüßer a. M.
Gotthold Ille a. Tangermünde.
Werner Usbeck a. NM. (Genthin).
Max Wiele a. M.
Martin Wittich a. Hohenmölsen (M.).
Otto Zachariä a. Klein-Santersleben
    (Worin b. Müncheberg).

Unter-Tertia (59).

Paul Ballieu a. M.
Ernst Baumgarten a. Güts b. M.
Julius Bock a. Groß-Wanzleben.
Theodor Borchert a. Bisdorf b. Borne.
Ludwig Borkenhagen a. Pr.-Minden (M.).
Robert Bruno a. Diesdorf.
Peter Broiel a. NM.
Paul Coqui a. M.
Karl Danziger a. M.
Benno Delius a. Gr.-Ammensleben.
Edmund Eggert a. M.
Wilhelm Fabricius a. M.
*Andreas Fehlhauer a. Neuenhofe bei
    Neuhaldensleben.
Hermann Fischer a. M.
Gustav Freesdorf a. Gr.-Wanzleben.
*Max Fromme a. Neuhaldensleben.
Friß Gabriel a. Menz b. M.
Reinhold Göhring a. Bottmersdorf bei
    Wanzleben.
Ewald Göpel a. Diesdorf.
Bernhard Görisch a. M.

Willy Harte a. M.
Franz Heims a. Garbelegen.
Wilhelm Henze a. M.
Max Hennige a. M.
*Victor Hermes a. Pregenstedt b. Erxleben.
Hermann Hesselbarth a. M.
Fritz Hinze a. M.
Friß Holzhausen a. Ivenrode (Süplingen).
Georg Kiemle a. M.
Richard Koch a. Groß-Ottersleben.
Erich Krüger a. Zeiß (Plößky b. Gommern).
Ernst Kuthe a. M.
*Wilhelm Landgraf a. Genthin.
Franz Ludwig a. Bahrendorf b. Langen-
    weddingen.
*Albert Lutter a. Böhne b. Rathenow
    (Wolmirstedt).
*Paul Markgraf a. Heiligenstadt (Gra-
    bow b. Burg).
Friedrich Martius a. Erxleben.
Friedrich Mewes a. Letzlingen.
*Otto Rinnich a. Wolmirstedt.

Arthur v. Pueschel a. Theeßen b. Burg.
Wilhelm Rathge a. Nord-Germersleben.
Gustav Regener a. M.
Max Rhenius a. Gr.-Salze.
Kuno Niemann a. Garbelegen.
Bruno Schaumburg a. Genthin (See-
    hausen b. M.).
Fritz Schirmer a. M.
Otto Schrader a. Salbcke.
Richard Schrader a. Pechau b. M.
Walther Schrader a. Salbcke.
Ernst Schulze a. Gr.-Wanzleben.
Paul Schulze a. Neuhaldensleben.
Theodor Senbler a. NM. (M.).
Rudolph Sober a. Irxleben (M.).
Max Sumpff a. Stegeliß b. Mödern.
Gustav Treslow a. Güts b. M.
Rudolph Wentzlau a. NM.
Andreas Westphal a. Tornitz b. Calbe a/S.
Otto Wolzendorf a. Zuchau b. Calbe a/S.
    (Schwarz).
Karl Zacke a. Halle a/S. (M.).

Ober-Quarta (49).

Leopold Altischner a. M.
Otto Behrends I. a. Nord-Germersleben.
Richard Behrends II. a. Gerbstedt (M.).
*Karl Blume a. Schönebeck.

Richard Broot a. M.
Ernst Cammerhoff a. Seggerde b. Wefer-
    lingen (Stollberg).
Otto Defon a. M.

Hans Förster a. M.
Paul Frid a. Burg.
Erich Fromme a. Neuhaldensleben.
Paul Grobecker a. M.

Kurt v. Henning a. Erfurt (M.).
Karl Hinze a. Staßfurth (M.).
Albert Hitzeroth a. b. Gubenburg b. M.
Oscar Hoffmann a. M.
Karl Holländer a. M.
Robert Käsebier a. Wolmirstedt (M.).
Hermann Kahle a. Magdeburg.
Gustav Knopf a. Gommern.
Wilhelm Köte a. NN. (Gubenburg).
Karl Kuz a. Halberstadt (Hadmersleben).
Paul Kühne a. M.
Philipp Kühne a. Greifswalde (M.).
Richard Lähr a. Sprottau i. Schl. (M.).
Richard Mettke a. M.

Waldemar Meyer a. M.
Eberhard Moosmann a. M.
Leopold Quehl a. Freyburg a. U.
Albert Rabe a. Calbe a. S.
Christian Riecke a. Gutenswegen.
Heinrich Ritter a. M.
Ernst Rusche a. M.
Ernst Rückert a. Burg.
Karl Rühlmann a. Reesen.
Robert Schlegel a. Keutschen b. Weißenfels.
Johannes Schmidt a. Posen (Erfurt).
Otto Schneiderwind a. Al.-Germersleben.
Louis Schümann a. Berlin (M.).
Albert Seelmann a. Wittenberge (M.).

Hermann Spangenberg a. Friedrichsstadt.
Ernst Steinbrecht a. Tangermünde (Gutenswegen).
Otto Tübner a. M.
Berthold Vester a. M.
Richard Wittmann a. Genthin (M.).
Reinhold Wolzendorf a. Zuchau b. Calbe (Schwarz).
Heinrich Woller a. Angern b. Wolmirstedt.
August Zimmerhäckel a. M.
Karl Zack a. Wanzleben.
Hermann Zurborg a. b. Bleiche bei Sarubswegen.

Unter-Quarta (58).

Hans v. Arnim a. Brandenstein (M.).
Gustav Bad a. Burg (M.).
Karl Beyer a. NN.
Felix Bonte a. M.
Philipp Bonte a. M.
Karl Borkenhagen a. Minden (M.).
Max Bracht a. Eisleben (M.).
Gustav Brandt a. M.
Johannes Döring a. Calbe a. S.
Otto Dresel a. Stonsdorf b. Elberfeld (M.).
Max Ebeling a. M.
Hermann Eggert a. Egeln.
Heinrich Francke a. Bösdorf b. Oebisfelde.
Friedrich Francke besgl.
Wilhelm Franck a. M.
Hermann Franz a. Genthin.
Karl Freyer a. Zizenow i. Pommern (Randau).
Wilhelm Genz a. M.
Martin Gerber a. Berlin (M.).
Philipp Golden a. M.

Eduard Haselhorst a. Olvenstedt.
Gustav Hieronymus a. M.
Robert Höfert a. Budau.
Paul Jacobi a. Dahme.
Max Klipsel a. Oelsnitz b. Lichtenstein i. Kgr. Sachsen (Friedrichst. M.).
Georg v. b. Knesebeck a. Langenapel b. Salzwedel).
Friedrich Köhler a. Alt-Salze.
Karl Kramer a. M. (NN.).
Johannes Krichelborff a. Wolmirstedt.
Hermann Lederer a. NN.
Hugo Lehnhard a. M.
Hermann Linde a. Osterwiec.
Gilbert Lübed a. Erxleben (Seehauf. b. M.).
Eugen Maréchaug a. Erfurt (M.).
Richard May a. M.
Fritz Meyer a. Stendal (M.).
Max Morin a. Groß-Wanzleben.
Max Ortlepp a. Erfurt (M.).
Richard Peck a. M.

Max Pfeffer a. M.
Adolf Rabestock a. M.
Adolf Roßmann a. M.
Gustav Salfeld a. Böhmenzieu i. b. Altm. (M.).
Robert Schattenberg a. M.
Alwin Scherving a. Olvenstedt.
Hermann Schmidt a. Buckau.
Rudolph Schrader a. Pechau.
August Schrader a. Förderstedt.
Wilhelm Schröder a. Naumburg (M.).
Ernst Schwarzkopf a. NN.
Ernst Severin a. NN.
Andreas Storbeck a. Emben b. Erxleben.
Hilmar Vester a. M.
Otto Wagenhäuser a. Hoym (NN.).
Albert Wagenführ a. Schwanebeck (A.M.).
Felix Wahnschaffe a. Kaltendorf b. Oebisfelde.
Gustav Wernecke a. M. (NN.).
Wilhelm Wiesenthal a. Schönebeck (M.).

Ober-Quinta (65).

Alfred Baldamus a. Gerlebogk b. Grözzig.
Philipp Bette a. Messina.
Gottfried Block a. Burg (M.).
Karl Bock a. Wanzleben.
Karl Cleve a. Diesdorf.
Max Concert a. Vollmersdorf.
Hans Duvigneau a. M.
Waldemar Eichholtz a. M.
Wilhelm Freytag a. Schwarz b. Calbe a. S.
August Fruth a. Bahldorf b. Groß-Anmensleben.
Ludwig Gerhardt a. Lühen b. Leipzig (M.).
Julius Holvorscheidt a. Duisburg (M.).
Christian Haudge a. Dreileben.
Gustav Horn a. Seesen (NN.).
Walter Huth a. M.
Rudolf Kläsn a. Wehlitz b. Gommern.
Paul Koch a. Groß-Otterssleben.
Wilhelm Köhne } a. Lemsdorf (Athendorf).
Moritz Köhne
Adolf Krüger a. Wegeleben b. Halberstadt Morsleben b. Halberstadt).

Max Lautz a. Nanies b. Schönebeck (M.).
Robert Lehrmann a. Emben b. Erxleben.
Paul Leue a. NN.
Max Lübed a. Erxleben (Seehausen b. M.).
Heinrich Liter a. M.
Eugen Mätz a. Staßfurth.
Robert Mebes a. Prizerbe b. Plaue a. H.
Hermann Meyer a. M.
Theodor Molnár a. Krischlitz b. Hohenele in Böhmen.
Johannes Müller a. Gubenburg (M.).
August Müller aus Neu-Gattersleben (Staßfurth).
Franz Müller a. Lindhorst b. Wolmirstedt.
Oskar Neumann a. Berlin (M.).
Louis Nitze a. Arneburg.
Julius Panning a. Carolath i. Schl. (NN.).
Albrecht Pfau a. Uelnitz b. Calbe a. S.
Karl Prien a. Berlin (M.).
Theophil Pusch a. Dessau (M.).
Heinrich Rausche a. NN.
Walter Reinecke a. M.

Karl Rose a. M.
Hermann Rusche a. Diesdorf.
Hermann Sack a. M.
Karl Schär a. M.
Hermann Schlemm a. Staßfurth.
Karl Schlitter a. Groß-Ottersleben.
Albert Schnurre a. M.
Eduard Schrader a. Salbcke.
Paul Schrader a. Pechau.
Ernst Schröder a. Gubenburg.
Otto Schröder a. Naumburg (M.).
Lebrecht Schulze a. M.
Hugo Schwarzenberg a. Schalensleben b. Eichenbarleben.
Werner Seelmann a. M.
Otto Seiffert a. Neuhaldensleben (M.).
Karl Silberschlag a. Kochstedt b. Egeln.
Franz Tempel a. NN.
Otto Thiele a. Barleben.
Ernst Uhlich a. M.
Otto Rippermüller a. M.

Unter-Quinta (41).

Paul Behrens a. M.
Georg Bieber a. M.
Felix Bertling a. Olvenstedt.
Max Bressel a. Dahlenwarsleben.
Wilhelm Decker a. Markt-Alvensleben.
Richard de la Croix a. M.
Carl Delius a. M.
Fritz Elstermann v. Elster a. Berlin (M.).
August Hartmann a. Altenweddingen.
Max Helmecke a. Tangerhütte.
Theodor Hitzeroth a. der Sudenburg.
Fritz Hildebrandt a. Erfurt (M.).
Hermann Hohbom a. Erxleben.
Gustav Holländer a. M.

Ferdinand Horning a. M.
Erich Jordan a. Prester.
Robert Knobbe a. Egeln (M.).
Alfred Lesser a. M.
Max Menzel a. M.
Otto Naumann a. Grammentin b. Demmin in Pommern (in der Sudenburg).
Wilhelm Niedhardt a. Quedlinburg (M.).
Max Oppermann a. M.
Max Pechstein a. Wolmirstedt.
Wilhelm Peters a. der Sudenburg.
Gustav Rebling a. M.
Paul Rose a. M.
Franz Rust a. Stendal (M.).

Fritz Rückert a. Friedrichstadt (M.).
Rudolph Schäffer a. Dahlen b. Stendal (M.).
Hermann Schröder a. Ilsenburg (M.).
Karl Schulze a. M.
Otto Schumann a. M.
Edmund Schuster a. Egeln.
David Schwartz p. M. (Bleiche).
Martin Seger a. Potsdam (Friedrichst.).
Ernst Spillecke a. M.
Werner Telt a. Drakenstedt b. Eichenbarleb.
Robert Tischer a. M.
Wilhelm Westphal a. Tornitz b. Calbe a/S.
Otto Wieprecht a. M.
Eduard Zachau a. Barleben.

Ober-Serta (49).

Karl Baumgarten a. Seehausen bei Oschersleben.
Wilhelm Beer a. M.
Paul Berthold a. Spandau (M.)
Otto Biermann a. Krüssau b. Burg.
Louis Bothe a. M.
Gustav Bühring a. M.
Hugo Dörschel a. Torgau (M.).
Oskar Ebeling a. M.
Rudolf Faber a. Zipfeleben.
Paul Gerike a. M.
Hans Germershausen a. M.
Paul Gottgetreu a. M.
Karl Gremse a. Günzerode b. Nordhausen.
Emil Griese a. Burg.
Paul Grope a. M.
Eduard Hänel a. M.

Alwin Hartmann a. M.
Albert Hilliger a. Diesdorf
Ernst Koch a. M. (Sudenburg).
Ernst Krügel a. Danzig (M.).
Richard Kundmüller a. M.
Otto Lücke a. M.
Fritz Lüderitz a. Pechau.
Karl Matthisson a. M.
Gustav Meinecke a. Stendal (M.).
Hugo Mieß a. M.
Robert Micth a. Gommern (M.).
Paul Möhring a. M.
Gustav Müller a. Pechau.
Adolph Porrée a. M.
Fritz Pöwe a. M.
Oskar Raab a. M.
Otto Rabe a. M.

Wilhelm Raßbach a. d. Sudenburg.
Paul Regener a. M.
Gustav Säger a. Pechau.
Alfred Schaller a. M. (Erxleben).
Paul Schmidt a. M.
Franz Schneider a. b. M.
Johannes Schultze a. Calbe a/S.
Matthias Schumann a. Erxleben.
Felix Sendler a. M.
Werner v. Spiegel a. M.
Walter Spielhagen a. Nadel a. Brahe (M.).
Franz Steye a. M.
Hugo Teichmann a. Sommerschenburg.
Karl Bocke a. M.
Paul Widert a. M.
Paul v. Windheim a. M.

Unter-Serta (54).

Johannes Albrecht a. M.
Peter Badnitz a. M.
Alfred Bänsch a. M.
Karl Beilschmidt a. Posen. (M.).
Heinrich Bernis a. Posen. (M.).
Ernst Beuchel a. Sudenburg.
Busso v. Blankensee a. Görlitz (M.).
Karl Böttcher a. Seehausen i. Magdeb.
Richard Bötticher a. Buckau (M.).
Franz Borchardt a. M.
Philipp Cochius a. Bischofswald (M.).
Max Fleischauer a. Aschersleben (M.).
Gustav Freytag a. Schwarz b. Calbe a/S.
Max Gerhardt a. Buckau (M.).
Albert Gueinzius a. Kl.-Lübs b. Leitzkau.
Johannes Guntermann a. Cassel (M.).
Fritz Gutknecht a. M.
Paul Hasford a. Kloster-Neuendorf b. Garbelegen.

Rudolf Heier a. M.
Georg Heine a. M.
Leopold Hencke a. Aachen (M.).
Otto Henschke a. M.
Julius Herrmann a. Genthin.
Gustav Heyde a. M.
Christoph Hilliger a. Erxleben.
Franz Holländer a. Wolmirstedt (M.).
Felix Koch a. M.
Max Köhne a. Lemsdorf (Atzendorf).
Leopold Leue a. M.
Max Mangelsdorff a. M.
Woldemar Marxs a. M.
Hermann Müller a. Pechau.
Rudolph v. Neumann a. Potsdam (M.).
Friedrich Paul a. M.
Julius Pressler a. Buckau.
Richard Raßbach a. b. Sudenburg.
Wilhelm Richter a. M.

Theodor Roch a. Gommern.
Wilhelm Rohne a. M.
Hermann Schald a. M.
Richard Schlüter a. Burg (M.).
Gustav Schmidt a. Buckau.
Walther Schmidt a. M. (M.).
Paul Schreiber a. M.
Paul Schulze a. Calbe a/S.
Walther Schwartzkopff a. M.
Max Sigge a. M.
Karl Steinbrecht a. M.
Martin Thielebein a. Buckau.
Adolf Thiem a. Kelbra (Buckau).
Richard Thiem a. Kelbra (Buckau).
Georg Voigt a. Küllstedt (M.).
Max Wartner a. M.
Bruno Weibezahl (M.).

Die Vorclasse (29).

Paul Altmann a. M.
Ernst Bellschmidt a. M.
Johannes Bobe a. M.
Max Borns a. Dießdorf.
Fritz Eggers a. M.
Gilbert Eberth a. M.
Ernst Fehser a. d. Gubenburg.
Otto Gerike a. M.
Max Hahn a. M.
Paul Hahn a. M.

Karl Haupt a. M.
August Homann a. Kralau b. M.
Ludwig Kattengell a. Gerbstedt b. Eisleben.
Paul Kröhmer a. M.
Richard Lämmerhirt a. Halle (M.).
Max Lincke a. M.
Johannes Mangelsdorff a. M.
Ernst Menzel a. M.
Hans Nathusius a. M.
Lothar Pfau a. Uelnitz b. Calbe a/S.

Walther Pleck a. M.
Max Rabe a. M.
Werner Rosenthal a. Calbe a/S.
Paul Schmidt a. M.
Oscar Schmidt a. M.
Otto Teetzmann a. Jersleben.
Hans v. Wiebner a. Breslau (M.).
Felix Wittich a. Alsen (P.).
Robert Wolter a. M.

XII.

Vermehrung der Lehrmittel durch Geschenke und Ankäufe während des Jahres 1864.

a) Bei der größeren Kloster-Bibliothek.

1. Geschenke. Vom Königl. vorgesetzten Ministerium. Nachtrag zur 8. Aufl. des Verzeichnisses der. im Kgl. Museum zu Berlin käuflichen Gypsabgüsse. Berlin 1864. — Das Vater-Unser und die Einsetzungsworte, 2 alte Melodieen von Bogenhardt. — Gerhard, archäolog. Zeitung, Lief. 57—64. — Vom Magistrate in Burg: Reden zur Eröffnung des Gymnasiums zu Burg 1864. — Als testamentarisches Geschenk des Verfassers: Fr. Aug. Gotthold's Schriften, 4 Bde. — Vom Componisten: Fridericus rex für vierstimmigen Männergesang, componirt von Dr. Otto Taubert. — Vom Geheimen Medicinalrath Dr. Andreä hierselbst. Vergleichung des Kantischen Moralprincips mit dem Leibnitz-Wolffschen, Berlin 1800. — Herder, Verstand und Erfahrung, eine Metakritik, Leipzig 1799. — Berends, Handbuch der prakt. Arzneiwissenschaft, 5 Bde., Wien 1830 ff. — Richter, chirurgische Bibliothek, 17 Bde., Leipzig 1771 ff. — Joh. Müller, Grundriß der Physik und Meteorologie für Gymnasien rc., 2. Aufl., Braunschweig 1850. — Hecker, literarische Annalen der gesammten Heilkunde, 21 Bde. — Scherf, Archiv der medicinischen Polizei, 4 Bände, Leipzig 1783; 1793. — Ausführliches Handbuch der gerichtlichen Medicin, 6 Thle., Leipzig 1819—1832. — Stoll, staatswissenschaftliche Untersuchungen über das Medicinalwesen, Zürich 1813. — Reil's kleine Schriften, Halle 1817. — Augustin, Dr. Hufelands Leben und Wirken, Potsdam 1837. — A. v. Hallers Vorlesungen über gerichtliche Arzneiwissenschaft, 2 Bde., Bern 1784. — Rudolphi, Grundriß der Physiologie, 2 Bde., Berlin 1821—1828. — Außerdem noch eine größere Anzahl Schriften meist medicinischen Inhalts. — Heß, das Leben Jesu, 2 Bde., Zürich 1774. — Vom Pastor Dr. Danneil in Niederbobeleben. Dessen Protokolle der ersten Kirchenvisitation im Erzstifte Magdeburg, 2. u. 3. Heft. — Von einem früheren Schüler der Anstalt. Mehrere Programme der Universität Greifswald aus dem letzten Jahrzehnt. — Vom Gabelsbergerschen Verein in Berlin. Eggers, die Stenographie in den Schulen, nebst Promemoria. — Von Teubner's Verlagsbuchhandlung in Leipzig. Heinichen, lateinisch-deutsches Schulwörterbuch, 1864. —

2. Ankauf. Herzog, Realencyclopädie für protest. Theologie, Lief. 176—187. — Corpus Reform. ed. Bindseil. tom. XXX. Calvini opera. Vol. II. — Ph. Wackernagel, das deutsche

Kirchenlied, Lief. 8. 9. — Hommel, geiſtliche Volkslieder aus alter und neuerer Zeit nebſt ihren Sing=
weiſen, Leipzig 1864. — Schmidt, Encyclopädie des Erziehungsweſens, Lief. 39—43. — Bormbaum,
evangeliſche Schulordnungen III, 2—5. — Verhandlungen der 22. Verſammlung deutſcher Philo=
logen und Schulmänner, 1863. — Stiehl, Centralblatt für die Unterrichtsverwaltung, 1864. —
Hahn, Verzeichniß der Schulprogramme von 1851—1860. — Palmer, evangel. Pädagogik, 3. Aufl.,
1862. — K. v. Raumer, Geſchichte der Pädagogik, 4 Bde., Stuttgart 1857—1861. — L. Wieſe,
das höhere Schulweſen in Preußen, Berlin 1864. — Gelzer, die neuere deutſche Nationalliteratur,
1. Thl. 3. Aufl., 2. Thl. 2. Aufl., Leipzig 1858. 1849. — Stephani, Thesaur. L. Gr., Tom. VIII,
fasc. 8. — Hesychii lex. ed. M. Schmidt, Vol. IV, fasc. 10. — J. Bekker, homeriſche Blätter,
1863. — Aeschyli Prometheus, ed. H. Weil. — Sophoclis Oedipus Col., ed. A. Meineke, 1863.
— Grammatici latini, ed. Keil, Vol. IV, fasc. 1. 2. — Kloß, lateiniſches Wörterbuch, 2. Aufl. —
Benfey, Orient und Occident, 2. Jahrg. 4. Heft. - Grimm, deutſches Wörterbuch, V, 1. — Beneke,
Wörterbuch des Mittelhochdeutſch. II, 2. 3. — L. v. Ranke, engliſche Geſchichte 4. Bd. — Reuter, Ge=
ſchichte Alexanders III. und ſeiner Zeit, 3. Bd. — Beitzke, Geſchichte der Freiheitskriege. — Deßſelben
Geſchichte des Jahres 1815, 1. Bd., Berlin 1865. — Perß, Leben des Feldmarſchalls v. Gneiſenau,
1 Bd., 1864. — Petermanns Mittheilungen aus dem Geſammtgebiete der Geographie, Jahrg. 18,6,
1858—1860, 1864, nebſt Ergänzungen. — Koner, Zeitſchrift für allg. Erdkunde, Berlin 1863. —
Wagner, Staatslexicon, Lief. 141—172. — Erſch u. Gruber, Encyclopädie, I., 77. 78. 82. —
Herrig's Archiv für neuere Sprachen. Bd. 33. 34. — Rheiniſches Muſeum. Bd. 18. — Jahn's Jahr=
bücher für Philologie u. Pädagogik, Jahrg. 1863. — Mützells Zeitſchrift für das Gymnaſialweſen,
Jahrg. 1863. — Joh. G. Fichte's ſämmtliche Werke. 8 Bde. — Jakobi initia geometriae symbolicae,
Numbg. 1831. — Wunder, Lehrbuch der Mathematik, 4 Bde. Leipzig 1841. — Chasles, Geſchichte
der Geometrie, aus dem Franz. v. Sohnke. Halle 1839. — Van Swinden, Elemente der Geometrie,
aus d. Holländ. v. Jacobi. Jena 1834. — Finck, Syſtem der niedern und höhern Algebra, 2 Bde.
Leipzig 1841. — Bretſchneider, Lehrgebäude der niedern Geometrie. Jena 1844. — Lagrange, mathe=
matiſche Werke, deutſch von Crelle, 2 Bde. Berlin 1823. — Lemler, Lehrbuch der ebenen und kör=
perlichen Trigonometrie. Jena 1838. — Proß, Lehrbuch der praktiſchen Geometrie. Stuttgart 1838.
— Grunert, Lehrbuch der Mathematik, 4 Bde. Brandenburg 1836. — Deßſelben Elemente der Tri=
gonometrie. Leipzig 1837. — Traug. Müller, Lehrbuch der Mathematik, 4 Bde. Halle 1838—1852.
— Kunze, Lehrbuch der Geometrie, 1. Bd. Jena 1842. — Wiegand, geometriſche Lehrſätze zu van
Swindens Elementen, 3 Bde. Halle 1847—1849. — Aſchenborn, Lehrbuch der Arithmetik. Berlin
1859. — Außerdem wurden von der Adminiſtration des Kloſters übergeben: die Geſetzſammlung,
Jahrg. 1863. — Amtsblatt der Magdeb. Reg. 1863. — Magdeb. Zeitung und Blätter für Handel
und Gewerbe. 1863.

b) Bei der Schülerbibliothek wurden folgende Bücher angekauft.

Beitzke, Geſchichte der deutſchen Freiheitskriege. 3 Bde. A. 797. — Schmidt, Ferd., der
Winterkönig. Geſchichtl. Erz. aus der erſten Zeit des 30jährigen Krieges. A. 798. — Körner, Prinz
Eugen. Berlin. A. 799. — Schwerdt, die Rädelsführer. Bilder aus dem thüringiſchen Bauernkriege.
A. 800. — Häuſſer, deutſche Geſchichte vom Tode Friedrichs des Großen. 4 Bde. A. 801.
Waitz, das alte Recht der ſaliſchen Franken. A. 802. — Leo, Heinr., Vorleſungen über die Geſchichte
des deutſchen Volkes. 3 Bde. A. 803. a—c. — Waitz, die deutſche Verfaſſungsgeſchichte. 4 Bde.

11*

A. 804. a—d. — Grube, Characterbilder aus der heil. Schrift. 2 Bde. A. 805. a. b. — Missions=
bilder. Calw. 1863. 4 Hefte in 1 Bd. — Würdig, des alten Dessauers Leben und Thaten. A. 807. —
Daniel, Handbuch der Geographie. 3 Bde. A. 808 a—c. — Buchner, deutsche Ehrenhalle. Die
großen Männer des deutschen Volkes. A. 809. — Henneberger, griechische Geschichte in Biogra=
phieen. A. 810. — Barth, Reise durch das Innere der europ. Türkei. A. 811. — Schmidt, Ferd.
Wallenstein. Geschichtl. Erz. aus dem 30jähr. Kriege. A. 812. — Schmidt, Ferd., Gustav Adolph.
Geschichtl. Erz. aus dem 30jähr. Kriege. A. 813. — Baur, Geschichts= und Lebensbilder aus der Er=
innerung des religiösen Lebens in den deutschen Befreiungskriegen. A. 814. — Hagen, Max v. Schenken=
dorf's Leben, Denken und Dichten. A. 815. — Oswald, Bilder aus der deutschen Geschichte. A. 816. —
Keym, Prinz Eugen von Savoyen. A. 817. — v. Seld, wenig gekannte Länder und sehr bekannte
Menschen. A. 818. — Weigand, Wörterbuch der deutschen Synonymen. 3 Bde. 369. a—c. — Calwer,
Käferbuch. Allg. und specielle Naturgeschichte der Käfer Europa's. B. 370 — Schmidt, Mineralienbuch, oder
allg. und bes. Beschreibung der Mineralien. B. 371. — Schmidt, Petrefactenbuch. B. 372. — Berge, Con=
chylienbuch. B. 373. — Berge und Riecke, Giftpflanzenbuch B. 374 — Schiller's Briefwechsel mit Körner.
C. 496. a—d. — Rötscher, Shakespeare in seinen höchsten Charactergebilden. C. 497. — Lüben, Auswahl
charakteristischer Dichtungen und Prosastücke. C. 498. — Buchner, Lehrbuch der Gesch. der deutschen
Nationalliteratur. C. 499. — Schäfer, Göthe's Leben. 2 Bde. C. 500. — Wackernagel und Rieger,
Walther von der Vogelweide nebst Ulrich von Singenberg und Leutold von Seven. C. 501. — Kurz, Herm.,
Schiller's Heimatjahre. 2 Bde. C. 502 a—b. — Hahn, O., Ludwig Uhland. C. 503. — Elze, Sir Walther
Scott. 2 Bde. C. 504. a—b. — Fischer, Lessings Nathan der Weise. Darstellung der Idee und des
Characters der Dichtung. C. 505. — Schäfer, zur deutschen Litteraturgeschichte. Kleine Schriften.
C. 506. — Bartsch, deutsche Liederdichter des 12. Jahrh. C. 507. — Heintze, mittelhochdeutsches
Lesebuch. C. 508. — Pfeiffer, Walther von der Vogelweide. C. 508. — Grube, ästhetische Vor=
träge. C. 510. — Hahn, griech. und albanesische Mährchen. D. 463 a—b. — Schmidt, Jugend=
bibliothek. 14 Bde. D. 464 a—p. — Schmidt, Homer's Werke. D. 465. — Hoffmann, Erzäh=
lungen. D. 461 c. d. — v. Horn, Erzählungen. D. 460 d. e. — Brandt, der Dom zu Magdeburg.
E. 111. — Klenke, die physische Lebenskunst. E. 112. — Masius, deutsches Lesebuch für höhere
Unterrichtsanstalten. E. 113. a. — Adami, vor funfzig Jahren. A. 823. — Perthes, politische
Zustände und Personen in Deutschland zur Zeit der franz. Herrschaft. A. 819. — Brugsch, aus dem
Orient. A. 820. — Brandes, Ausflug nach Portugal im Sommer 1863. A. 821. — Zimmermann,
die Inseln des indischen Oceans. 2. Bd. A. 795.

XIII.

Fromme Stiftungen und Unterstützungen für Universitätsstudirende, welche als Schüler das Kloster U. L. Fr. besucht haben, und für Schüler desselben während ihrer Schulstudien, — von Ostern 1864 bis Ostern 1865. —

1. Universitäts=Stipendien. a) Die Stipendien der von Klevenow'schen Stif=
tung (vergl. Jahrbuch 1851, 1855, 1856, 1858 S. 41 und Jahrb. 1864 S. 60) genossen fol=
gende Studirende: a) der Studirende der Theologie in Halle Adolph Döblin aus Mag=
deburg, im dritten Jahre, von Ostern 1864 bis Ostern 1865 funfzig Thaler, desgleichen eben

so viel während des dritten Studienjahres von Ostern 1864 — 1865 der Studirende, der Medicin zu Berlin Rudolph Köhler aus Altsalze; ferner von Ostern 1864 — Ostern 1865 bezog im zweiten Jahre 50 Thlr. der Studirende der Theologie und Philologie Adolph Willführ in Halle, aus Magdeburg (Mutter jetzt in Naumburg); ebenso im zweiten Jahr der Studirende der Theologie und Philologie Martin Wohlthat in Halle, aus Wernigerode. Die Zahlungen erfolgten für alle in halbjährigen Beträgen von 25 Thalern.

b) Den Magdeburgischen Freitisch, welcher von dem Director des Klosters U. L. Fr. immer an einen bedürftigen und würdigen gewesenen Schüler desselben, welcher aber aus dem Herzogthume, (früherem Erzbisthume), Magdeburg gebürtig sein muß — genoß von Ostern 1864 bis Ostern 1865, — im zweiten Jahre, — der Studirende der Theologie Max August Otto Weber aus Burg.

c) Das Abgangsstipendium im Betrage von 25 Thalern aus den Mitteln des Klosters U. L. Fr., welches gewöhnlich zu Ostern jedes Jahres an einen würdigen und bedürftigen Schüler dieser Anstalt, nachdem er sich durch gut bestandene Abgangs-Prüfung das Zeugniß der Reife erworben, auf Vorschlag des Convents, von dem Königlichen Provinzial-Schulcollegium verliehen wird, erhielt der Theologie Studirende in Halle Georg Behrends aus Quitzow bei Perleberg, dessen Mutter als Wittwe in Magdeburg lebt.

2. **Schulstipendien.** a) Aus der Kloster-Bergischen Stiftung von dem für das Pädagogium des Klosters U. L. Fr. noch übrig gelassenen 200 Thalern jährlich (S. Jahrb. von 1864 S. 4 Nr. 6) erhielten folgende Schüler Unterstützungen: Auf das Sommerhalbjahr 1864 erhielt: 1. Der Unterprimaner Otto Maste aus Seetzendorf bei Salzwedel (Vater jetzt zu Seehausen in der Altmark) 12¼ Thlr.; 2. eben so viel Hermann Schuster, Unterprimaner, aus Magdeburg; 3. desgleichen Albert Bauermeister, seit Ostern 1864 Unterprimaner, aus Klein-Germersleben, vaterlos; 4. Richard Köhler aus Alt-Salze, Obersecundaner seit Ostern 1864, vaterlos, eben so viel; 5. Robert Wiese aus Magdeburg, vaterlos, seit Ostern 1864 Obersecundaner, eben so viel; 6. desgleichen Richard Rosenthal aus Benneckenstein, vaterlos (Mutter in Perleberg) seit Ostern in Cl. II.b.; 7. ebenso Otto Peust aus Bützer bei Rathenow, (Vater jetzt in Colbitz), war seit Ostern 1864 dritter in Obertertia; 8. desgleichen Adolph Mahrenholz aus der Sudenburg bei Magdeburg, (Vater jetzt in Etgersleben), war seit Ostern 1864 zweiter in Cl. III.b. — Auf das Winterhalbjahr von Michaelis 1864 bis Ostern 1865 erhielt: 1. Carl Ebers aus Neukirchen bei Seehausen in der Altmark, primus omnium und Klostersenior, 12¼ Thaler; 2. desgleichen Gustav Fricke aus Hornhausen bei Groß-Oschersleben, seit Michaelis 1864 in Cl. I.a, ebenso; 3. desgleichen Louis Blath aus Bodelnhagen bei Nordhausen, seit Ostern 1864 in Cl. I.b.; 4. ferner ebenso Otto Begrich aus der neuen Neustadt bei Magdeburg, seit Michaelis 1864 in Cl. I.b.; 5. Hugo Rothert aus Preußisch-Oldenburg bei Minden, seit Michaelis 1864 in Cl. I.b., ebenfalls 12¼ Thlr.; 6. desgleichen Richard Köhler aus Altsalze, vaterlos, seit Ostern 1864 Obersecundaner; 7. ebenso August Lesser, seit Ostern 1864 Obersecundaner, aus Magdeburg; 8. desgleichen Robert Wiese aus Magdeburg, vaterlos. S. oben beim Sommerhalbjahr 1864 Nr. 5.

b) Das von Münchhausensche Schulstipendium von jährlich 100 Thlrn., aus der Kloster-Bergischen Stiftung zahlbar, genoß von Ostern 1864 bis jetzt Ostern 1865 (seit Ostern 1858) durch Verleihung von Seiten des Königlichen Regierungspräsidenten Franz v. Münchhausen, als Curators des minderjährigen Heino v. Münchhausen, Besitzer von Althaus-Leitzkau, — als Untertertianer währenb des Sommerhalbjahres 1864, als Obertertianer während des darauf folgenden Winterhalbjahres Adolph Gebler, Sohn der in Köthen wohnenden verwittweten Frau Dr. Gebler. Er erhielt zu Anfang jedes Halbjahres in Vorausbezahlung 50 Thlr.

3. **Alumnatsbeneficien.** Aus der Zahl der 72 Alumnen genossen 20 obere Schüler, meist Primaner, ganze Freistellen; 15 andere, zumeist Secundaner und Tertianer, hatten jeder ¾ der Pension (welche jährlich 120 Thlr. beträgt) frei; noch andere 15, meist Tertianer und Quartaner hatten Befreiung von der Hälfte der Pension. Von den andern 22 Alumnen hatte jeder die sehr mäßige Pension von 120 Thlrn. voll zu zahlen, war aber von der Bezahlung des Schul-, Turn- und Lese-Geldes (an die Schullesebibliothek) befreit.

4. Von Stadtschülern, welche theils als einheimische, theils als auswärtige, in der Stadt wohnten, genoß immer der zehnte die Befreiung vom Schulgelde, einige zur Hälfte, — also unter diesen der fünfte, die meisten aber ganz. — Die Söhne der Lehrer des Klosters und der Beamteten desselben waren dabei nicht eingerechnet, — gemäß der Bestimmung des allerhöchst genehmigten Statuts vom 2. Februar 1834. Das Schulgeld beträgt aber in Cl. I. und II. jährlich 20 Thlr., in Cl. III. bis zur Unterquinta einschließlich seit dem Januar 1864, — in Folge der Verfügung vom 9. Dec. 1863, 16 Thaler, — S. Jahrbuch von 1864 S. 5. der Nachrichten Nr. 10, — jährlich 16 Thlr., in Cl. VI. und in der Vorclasse jährlich ebenfalls 16 Thlr. -

XIV.

Oeffentliche Vorfeier des Allerhöchsten Geburtstages Sr. Majestät des Königs Wilhelm I. durch Reden und Gesänge
in der Aula am 21. März 1865, Dienstags, Abends 6 Uhr, verbunden mit zuletzt folgender Entlassung der mit dem Zeugnisse der Reife aus Oberprima abgehenden 8 Schüler.

1. **Einleitungsgesang.** Salvum fac regem. Melodie vom Musikdirector Ehrlich.
Deus omnipotens, in Te solum speramus; Te imploramus. Preces exaudi nostras: Salvum fac regem. Amen.
2. **Eröffnungsgedicht.** Franz Richter aus Groß-Oschersleben.
3. **Gesang.** Lateinisches Vaterlandslied. Melodie: „Heil Dir im Siegerkranz!"
Exorna patriam bonis carissimam, Celsissime, nostrumque principem serva incolumem, amatum civibus, precamur Te. — Sit florentissima gens omnis regia in posterum; adsis fidissimis consiliariis Tuum petentibus auxilium. — Pax, sapientia, fides, justitia sit omnibus! Pro nostra patria est honestissima mors occumbentium. His plaudimus.
4. **Griechisches Gedicht** in Distichen. Schilderung der Blüthe der Attischen Dichtkunst und anderer schönen Künste in der alten Bildungsstadt Athenä. Hugo Müchel aus Magdeburg; geht ab.
5. **Gesang für gemischten Chor.** Melodie vom Musikdirector Ehrlich.
Wohin bist du versunken, große Zeit, Athenä du mit deiner Herrlichkeit, mit deinen Dichtern, deinen Künstlern all? Begrub für immer sie dein jäher Fall? Nächst Wenigen wo blieb der Dichter

Schaar, und wer wie Phidias ein Künstler war? — Noch spricht zu uns wohl mancher Sänger Mund, die Kunst doch geben bloße Trümmer kund; von vielen Dichtern auch erlosch die Spur, von andern zeugen kleine Blättchen nur. Ach, von der Fülle, die der Grieche schuf, lebt fort das Allermeiste nur im Ruf.

6. **Französische Rede.** Ueber Art und Wesen der französischen Literatur im Zeitalter Ludwigs XIV. Theodor Schraber aus Salbcke; geht ab.
7. **Vierstimmiger Gesang.** Deutsche Sprache.
So klar und frisch, wie Felsenquell, ist deutsche Sprache silberhell aus biederm deutschen Munde; und was das Herz zum Herzen spricht, was rein verkündet Himmelslicht, vereint zu treuem Bunde. — Umtönt das Ohr der fremde Klang, da wird es ihm so weh und bang, sehnt sich nach Mutterklängen; die klingen lieb ihm und vertraut, in ihnen wird das Herz erbaut, in deutschen Hochgesängen. — Und wo der heil'ge Klang erklingt, wo Freude sich ihr Liedlein singt, klingt's Herzen eng zusammen; für's Vaterland durchglüht die Brust der Sohnesliebe Kampfeslust in der Begeisterung Flammen.
8. **Deutsche Rede.** Durch welche Mittel wußte Napoleon I. mächtige Völker Europa's zu besiegen und eine Zeit lang in Unterwürfigkeit zu halten? Adolph Dietz aus Mainz (Eltern jetzt in Aachen); geht ab.
9. **Gesang.** Melodie von Zumsteg.
Durch Sturm zur Ruh! Und wenn auch Erd' und Himmel der Windsbraut donnernd Rad durchrollt: getrost, getrost! Auf lautes Stürmgetümmel folgt linde Stille sanft und hold. — Durch Streit zum Sieg! Und wenn im Speergemenge auch tausend Tode dich umbräu'n: getrost, getrost! Auf heißes Schlachtgedränge folgt Siegsgeschrei und Friedensreihn.
10. **Griechische Rede.** Blücher's Sturz in der Schlacht bei Ligny und Lebensgefahr, seine Erhebung und seine Selbstermuthigung, welche zum entschiedenen Siege führte. Karl Ebers aus Neukirchen in der Altmark; geht ab.
11. **Dreistimmiger Männergesang.** Blücher's Andenken. Lied von Ludwig Kellstab, Melodie von Bernhard Klein.
Ich hab' einen muthigen Reiter gekannt, der wußte sein Roß zu regieren; er schwang seine Klinge mit kräftiger Hand und wußte die Schaaren zu führen. Er ritt in den Schlachten wohl immer voran, „Hurrah!" so rief er, „frisch auf! frisch auf! wir fechten fürs heilige Vaterland." — Den muthigen Reiter den hab' ich gekannt. — Ich hab' einen mächtigen Feldherrn gekannt, der wußte den Tod zu verachten; der Sieg war an seine Fahne gebannt, er war der Löwe der Schlachten! Er leuchtete vor wie ein strahlender Stern, dem folgten wir treu, dem folgten wir gern; ihm war unser Herz von Liebe entbrannt. — Den mächtigen Feldherrn den hab' ich gekannt.
12. **Deutsche Rede.** Ueber die vaterländische Gesinnung des Dichters der Freiheitskriege Max von Schenkendorf. Paul Jung aus Berneuchen bei Berlin; geht ab.
13. **Vierstimmiger Gesang.** Lied von Max von Schenkendorf, Melodie von Groß.
Wo sich Gottes Flamme in ein Herz gesenkt, das am alten Stamme treu und liebend hängt; wo sich Männer finden, die für Ehr' und Recht muthig sich verbinden, weilt ein frei Geschlecht. — Das ist rechtes Glühen, frisch und rosenroth; Heldenwangen blühen schöner auf im Tod. Wollest auf uns lenken Gottes Lieb' und Lust, wollest gern dich senken in die deutsche Brust.

Vortrag des Propstes D. Müller; — zum Schluß Entlassung der 8 abgehenden Oberprimaner.

4. **Gesang** aus dem Königsliede.
Heil dir im Siegerkranz, Herrscher des Vaterlands, Heil König Dir! Dich schirmt mit seiner Hand mächtig dem Vaterland Gott, der im Himmel thront: Heil König Dir! — Heilige Flamme glüh', glüh' und verlösche nie für's Vaterland! Wir alle stehen dann muthig für einen Mann, kämpfen und bluten gern für Thron und Reich. — Was treue Herzen fleh'n, steigt zu des Himmels Höh'n aus Nacht zum Licht. Der unsere Liebe sah, Der unser Ringen sah, Er ist uns huldreich nah, verläßt uns nicht.

15. **Abschiedsworte.** Im Namen aller Abgehenden Emil Klapproth aus Magdeburg.
Erwiederungsworte. Friedrich Fromme aus Neuhaldensleben.

16. **Schlußgesang.** Choral. Aus Lied 72, Strophe 1.
Auf Gott, und nicht auf meinen Rath, will ich mein Glück erbauen, und dem, der mich erschaffen hat, mit ganzer Seele trauen. Er, der die Welt allmächtig hält, wird mich in meinen Tagen als Gott und Vater tragen.

Ergebenste Einladung zur öffentlichen Classenprüfung im Kloster U. L. Fr. zu Magdeburg nebst freien Vorträgen und Deklamationen am 3. April 1865, Montags Vor- und Nach-Mittags.

Vormittags.

Kurzes Gebet.

Cl. IV. B. 7—7¾ Uhr. Religionslehre. Herr Ordinarius Dr. Rathmann.
     Gustav Brandt aus Magdeburg spricht das Gedicht von Wiedmann: Der alte Hans.

Cl. VI. B 7¾—8¼ „ Lateinisch. Herr Gymnasialamts-Candidat Isensee.
     Wilhelm Nohne aus Magdeburg spricht das Gedicht von Karl Fröhlich;
     Mittwoch-Nachmittag.

Die Vorclasse (VII.) 8¼—9¼ Uhr. Religionslehre und Deutsch. Herr Ordinarius Hahn.
     Ernst Beilschmidt aus Magdeburg spricht das Gedicht von Justinus Kerner: Der reichste Fürst.

Cl. VI. A. 9¼—10 Uhr Lateinisch. Der Predigtamts-Candidat Müller.
     Otto Lücke aus Magdeburg spricht das Gedicht von Uhland: Der blinde König.

Cl. V. B. 10—10¾ „ Lateinisch. Herr Lehrer Dr. Boysen.
     Robert Knobbe aus Egeln spricht das Gedicht von Simrock: Die Eichelsaat.

Cl. III. B. 10¾—11¼ „ Xenophon's Anabasis Herr Dr. Gloël.
     Albert Lutter aus Böhne bei Rathenow (Wolmirstedt) hält einen Vortrag: Entstehung der Akropolis von Athen, nach E. Curtius.
     Friedrich Holzhausen aus Ivenrode (Vater in Süpliugen) spricht einen Theil des Schiller'schen Liedes von der Glocke: Wohlthätig ist des Feuers Macht u. s. w.

Cl. V. A. 11¾—12½ „ Lateinisch. Herr Lehrer Treplin.
     Julius Holverscheit aus Duisburg (Eltern in Magdeburg) spricht das Gedicht von Besser: Der Choral von Leuthen.

Nachmittags von 2 Uhr an.
Kurzes Gebet.

Cl. IV. A.	2—2½ Uhr	Allgemeine Arithmetik in den Grundrechnungen. Herr Lehrer Banse.
		Kurt von Henning aus Erfurt (Eltern in Magdeburg) spricht das Gedicht von Anastasius Grün: Die Martinswand.
Cl. III. A. von 2½—3½ „		Lateinisch. Aus Cäsars bürgerlichem Kriege. Herr Professor Dr. Hasse.
		Wilhelm Storbeck hält einen Vortrag: Luther in Worms.
		Anton Kuthe aus Egeln spricht ein von ihm versuchtes lateinisches Gedicht in Hexametern: Jason und Medea.
Cl. I. A. von 3½—4 „		Griechisch. Aus Homers Ilias. D. Müller.
Cl. I. B.	4—4¾ „	Lateinisch. Aus Horatius. Herr Professor Dr. Graser.
Cl. II. A.	4¾—5¼ „	Römische Geschichte. Herr Oberlehrer Dr. Götze.
		Philipp Wegener aus Neuhaldensleben (Eltern in Olvenstedt) hält einen Vortrag: Die Gastfreundschaft im Nibelungenliede.
		Johannes Jentzsch aus Magdeburg spricht ein selbstversuchtes deutsches Gedicht: Ueberraschung des Generals von Seidlitz auf dem Schlosse zu Gotha.
Cl. II. B.	5¼—6¼ „	Lateinisch. Aus Ciceros Rede für den Ligarius. Herr Lehrer Dr. Ortmann.
		Friedrich Kühne aus Wolmirstedt hält einen Vortrag über den Mecklenburgischen Dichter Fritz Reuter.
		Ludwig Schneidewind aus Klein-Germersleben spricht ein selbstversuchtes deutsches Gedicht: Theodor Körner.

Schluß mit dem Gebete des heiligen Vaterunsers.

Magdeburg, im Kloster U. L. Fr., am 28. März 1865.

D. Müller.

Schnellpressendruck von Gebrüder Wieland in Magdeburg.